KB020392

이토록 명랑한교실

이토록 명랑한 교실

자기만의 속도로
자라는 아이들의
특별한 수업 이야기

주효림 지음

메멘토

들어가며

우리 사회는 직업이 '교사'라고 하면 학창 시절에 공부 잘하고 어른 말씀 잘 듣는 모범생이었을 거라고 생각하는 경향이 있다. 그러나 나는 공부를 잘하지 못했고, 모범생은 더더욱 아니었다. 어쩌다, 정말 어쩌다 교사가 되었다. 어릴 적부터 책 읽기는 좋아했지만, 대학에 들어가기 전까지 세상천지 재미없고 흥미 없는 게 '공부'였다. 게다가 착한 학생과는 거리가 더더욱 먼, 장난기 많고 개구진 학생이었다. 학교에 간다고 집을 나와서는 친구들하고 오락실에서 노느라 등교하지 않기도 했고, 등교한 뒤 도시락만 까먹고 학교 밖에 나가서 놀다 담임선생님에게 잡혀간 적도 여러 번이다.

나는 정말 우연히 특수교사가 되었다. 학창 시절에 선

생님들과 사이가 좋지 않던 나는 교사라는 직업이 싫었다. 선생님이라는 단어가 권위적으로 느껴졌기 때문이다. 좀 과격한 표현일지 몰라도, 미치지 않고서는 선생님이 되지 않겠다고 생각했다. 그렇게 교사라는 직업에 흥미도 관심도 없던 내가 사범대에 진학해 특수교육을 공부했다. 이유는 간단했다. 방송 작가로 돈을 많이 벌어서 우리 사회에서 흔히 '약자'라고 불리는 사람들과 함께하고 싶었다. 그런데 문예창작학과에 지원하는 족족 떨어졌다. 그래서 진로를 바꿔 사회적약자 중 '장애'가 있는 사람들과 함께하겠다고 결심했다. 특수교사라는 직업에 매력을 느낀 건 특수교육을 공부한 뒤 기간제 교사로 일을 시작하고 나서부터다. 이 매력에 빠져 몇년을 임용시험에 매달린 끝에 겨우겨우 특수교사가 되었다.

이런 나와 다르게 어릴 적부터 장애인에 대해 특별한 애정과 관심이 있던 특수교사도 꽤 있다. 가족 중 한 명이 장애인이라서 또는 장애인에 관한 다큐멘터리 프로그램이나 책을 읽고 감명해서, 누군가를 돕는 게 좋아서……. 나도 어릴 때 '헬렌 켈러' 전기를 감명 깊게 읽기는 했다. 그러나 나한테 헬렌 켈러는 그저 책에서 만난 위인이었다. 그때는 장애인이 시설에서 지내는 걸 당연하게 여겼다. 개인 의지와 상관없이 장애인 거주 시설에 격리되어 생활하는 장애인이 많았다. 동네에서 장애인을 볼 기회가 그리 많지 않은 터라, 장애인을 만나면 낯설고 괜히 무서워서 일끔거렸고, 그 사람에게서 멀리 떨어져 빙 돌아가거나 발걸음을 재촉해 뛰어가기도 했다.

어릴 적부터 장애가 있는 친구들에게 남다른 관심이 있지도 않았고, 오히려 어디 가서 말하기 부끄러운 과거가 있다. 중학생이 되고 보니 우리 반에 자폐성 장애 남학생과 지적 장애 여학생이 한 명씩 있었다. 첫 짝꿍을 뽑는 날 바로 그 여학생과 같이 앉게 되었는데, 그 친구의 행색을 보고 화를 냈다. 사실 짝꿍에게 화났다기보다는 어디서 올라오는지 알 수 없는 사춘기의 화와 미숙한 감정을 그 친구에게 분출해 버린 것이다. 내가 그 친구를 괴롭히기 시작했다. 내 책상 쪽으로 넘어왔다고 친구 팔뚝을 세게 꼬집었다. 나를 왜 쳐다보느냐며 등을 때렸다. 약을 올리고 조롱했다. 결국 꼬리가 길면 잡히는 법. 짝꿍의 엄마가 학교에 찾아온 뒤 청소 시간에 담임선생님께 불려 갔다. 요즘이라면 학교폭력대책자치위원회에 회부되고, 장애 학생 폭력으로 가중처벌을 받을 일이었다.

얼마 뒤에는 친구를 따라 교회에 갔다. 키가 큰 남자 한 명이 눈에 띄었다. 나보다 다섯 살 많은 오빠인데, 인중에 큰 흉터가 있고 발음이 분명하지 않았다. 구순구개열이 있는 사람, 바람직한 말은 아니지만 흔히 쓰는 말로 언청이였기 때문이다. 그 오빠가 하는 말은, 못 알아들을 정도까진 아니라도 명확하지 않았다. 그래서 나는 그 오빠가 무슨 말을 하면 놀리듯 "뭐라고?" 하고 되물었다. 그 오빠는 별 반응이 없이 그냥 씩, 쓴웃음만 지었다. 그때 기분이 어땠느냐고 나중에 물어보니 내 무례한 행동이 불쾌했고 참느라 힘들었다고 했다. 그나마 다행히(!) 그 오빠가 지금 내 남편이다.

그렇다. 나는 심술 많고 못된 아이였다. 장애가 있는 친구를 무시하고 놀리고 괴롭히는 비겁한 아이였다. 그런 아이가 특수교사 되고, 장애인 인권에 대해 침 튀기며 논쟁하는 사람이 되었다. 그러고 보니 지난날들의 과오가 부끄럽기 짝이 없다. 스무 살 때 어쩔 수 없는 진로 변경으로 만난 특수교육과 15년간 함께하면서 나는 조금씩 성장하고 있다.

특수교사가 되고 가장 힘든 것은 아이들 기다리기였다. 특수교사라면 누구나 '기다림'이라는 단어가 낯설지 않을 것이다. 나는 천성이 유난히 빠르고 급해 뭐든 천천히 하는 법이 없다. 그런데 우리 아이들은 다르다. 나사렛대학교 특수교육과의 류재연 교수님 말씀처럼 아이들은 손톱처럼 조금씩 자란다. 자란 듯 안 자란 듯 자라는 아이들의 속도와 내 속도가 서로 다른 차원에 있는 것 같다. 내 손으로 하면 10초도 안 걸릴 일이 아이들의 손에서 10분 넘게 머무르고 있는 모습을 보는 것이 처음에는 무척 힘들었다. (솔직히 지금도 힘들다.) 부끄럽지만, 아이들 일을 내 손으로 후딱 해치우기도 하고 빨리빨리 하라며 아이들을 타박한 적도 있다. 그러나 특수교육에 점차 스며들면서 나도 우리 아이들처럼 조금씩 자랐다. 기다리기로 했다. 기다림을 친구처럼, 가족처럼 받아들이게 되었다. 아이들과 함께하는 순간이 켜켜이 쌓여 가면서, 내가 만나는 아이들은 저마다 다른 속도로 제 길을 간다는 걸 알게 되었다. 아니, 어쩌면 오래전부터 알고 있던 사실을 머리가 아닌 가슴으로 받아들인 것이다. 아이들의 속도를 인정하는 것 그리고 그 속도에 맞춰 걷는 것, 그렇게 기다림에 익숙해지는 것이 아이들을 아끼고 존중하는 내 진심을 전달하는 방법임을 알게 되었다. 나는 조금씩 다듬어지고 있다. 한 해 한 해 어른이 되어 가는 중이다. 사랑스러운 아이들 덕분에 말이다.

학교에서 장애 이해 교육을 하다가 아이들의 시선을 통해 배우는 것이 있다. 몇몇 아이들은 정말 편견 없이 장애가 있는 친구를 인정한다. "○○ 때문에 불편한 게 있니?" 하고 물어보면 많은 아이들이 이렇게 말한다. "없어요. 그냥 우리 친구니까 불편하지 않아요." "불편해도 괜찮아요. 친구니까 참을 수 있어요." 그러나 몇몇 아이들은 다르다. "우리 엄마가 ○○ 옆에 가까이 가지 말라고 했어요." "우리 엄마가 ○○랑 놀지 말라고 했어요." 이런 말을 들을 때면 화가 나서 하고 싶은 말을 제대로 전달하지 못하는 경우가 있다. 그래서 온 마음으로 한 글자 한 글자에 진심을 눌러 담아 이 책을 썼다. 장애를 따뜻한 눈으로 봐주는 이들뿐만 아니라 아직 장애라는 두 글자가 낯선 이들에게, 장애라는 두 글자에 불편한 시선을 보내는 이들에게 우리 함께 살자고, 서로 인정하며 함께 다듬어져 가자고 말하고 싶다. 부디 이 책을 너그러운 시선으로 읽어 주면 좋겠다. 그리고 장애로 차별받고 불편을 겪는 이들의 삶에 잠시 들러 공감해 주길 바란다.

장애가 불행이 되지 않는 세상을 위해, 나와 현장에 있
는 특수교사들의 쉼 없는 오늘을 응원한다. 그리고 자기만의
속도로 잘 자라고 있는 사랑스러운 아이들의 삶과 그 삶을
열렬히 지원하는 아이들의 가족에게도 온기 있는 응원의 말
을 전하고 싶다.

차례

1부 우리 반에 놀러 오세요

1부
우리 반에
놀러 오세요

우리 반 학생들은 장애 아동 또는 장애를 경험할 확률이 높은 아동으로 특수교육 및 특수교육 관련 서비스가 필요한 특수교육 대상자다. '장애를 경험할 확률이 높다'는 말은 현재 장애는 없지만 적절한 교육 서비스를 받지 못하면 학교생활에 어려움을 겪거나 장애를 겪을 상황을 말한다. 나는 이들을 '들꽃'이라고 부른다. 들꽃처럼 수수하고 투박해 보여도 저마다 아름다움이 있기 때문이다. 가만히 보아도 예쁘고, 자세히 보아도 예쁘고, 스쳐 지나가다 보아도 예쁘다. 내 눈에는 그렇다. 미소를 절로 머금게 할 만큼 매력적이고 신비로운 아이들이다. 어린 소는 뿔이 날 때 그 자리가 가려워서 머리를 언덕에 자꾸 비빈다. 그래서 '소도 언덕이 있어야 비빈다'는 말이 생겼다. 아이들이 들꽃이라면 나는 그 꽃들이 활짝 피어나는 과정을 품는 너른 들판이자 비비고 기댈 수 있는 언덕이 되고 싶다.

첫 출근

　겨울 추위가 채 가시지 않은 3월, 새 출발의 신호탄을 쏘아 올리는 3월은 많은 이들에게 설렘을 준다. 나에게는 2015년 3월이 바로 그랬다. 한 주 전부터 쉬 잠들 수 없었고, 이런저런 상상을 하다 나도 모르게 피식피식 웃음이 새어 나왔다. 시간이 어찌나 더디게 가던지 시계 건전지가 다 닳은 게 아닌가 싶었다. 그렇게 손꼽아 맞이한 3월 2일, 임용시험에 합격한 뒤 발령받은 학교로 처음 출근한 날이다. 한국인은 밥심으로 산다고 하지 않나? 평소보다 아침밥을 더 먹었다. 배가 든든하면 마음도 든든할 것 같았기 때문이다. 이날은 모든 것이 처음이었다. 아끼느라 몇 번 입지 않은 원피스와 신지 않은 구두를 꺼냈다. 출근 전날 발급받은 새 운전면

허증을 가지고 동생 차를 빌려 운전대를 잡았다. 앞으로 최소 2년은 출근할 푸른 잔디 위 학교, 눈치 보지 않고 마음껏 꾸밀 수 있는 교실, 책상과 컴퓨터, 신발장까지……. 코끝에서 자꾸 '새것' 냄새가 나는 것 같아 숨을 크게 들이쉬고 내쉬기를 반복했다. 물론 교사로서 원 없이 사랑할 수 있는 첫 제자들을 곧 만난다는 사실이 가장 설레었다.

원래 출근 시간은 8시 30분이지만 초보 운전에 초행길이라서 한 시간이나 일찍 출근했다. 1등이었다. 그런데 교문이 굳게 닫혀 있었다. 1등 출근의 상으로 원하는 자리에 주차하고 차 안에서 대기한 지 30분쯤 되자 선생님들이 하나둘 출근했다. 교문이 열린 것을 보고 후다닥 차에서 내렸다. 두근거리는 심장을 잘 다독이며 교무실로 향했다. 입으로는 인사하면서 경계심 가득한 눈빛으로 순식간에 나를 위아래로 훑는 선생님, 반갑다며 손수 커피를 타 주는 선생님, 호구조사를 시작한 선생님, 개학식 준비로 바쁜 선생님……. 이런 분들처럼 나도 이제 이 학교 소속이라고 생각하니 웃음이 번지는 것을 감출 수 없었다.

개학 첫날, 간단하게 직원회의를 한 뒤 교실로 갔다. 특수학급은 교무실 바로 옆, 1층 복도 끝에 있었다. 특수교사는 특수학급에서 특수교육 대상자들의 특수교육과 통합교육을 담당한다. 좀 더 쉽게 설명하면 특수교육은 장애가 있거나 장애를 경험할 확률이 높아 특수교육 대상자로 선정된 학생들의 학습 요구 수준에 맞게 교육과정을 제공하는 것이다.

통합교육은 장애 학생이 장애를 이유로 비장애 학생들과 분리되지 않고 함께 학습하도록 환경적, 교수 학습적, 사회적, 심리적 지원을 하는 것이다. 통합교육은 오롯이 특수교사의 몫이라기보다 통합학급 담임교사와 함께 실천하는 교육이다. 장애인 등에 대한 특수교육법에서 특수학급은 특수교육 대상자의 통합교육을 실시하기 위해 일반 학교에 설치된 학급이다. 법대로 특수학급을 해석하자면 장애 학생과 비장애 학생의 통합교육을 위해 분리를 최소화해야 한다. 그러나 현실은 장애 정도와 교육 요구 수준에 따라 일정 시간 특수학급에 특수교육 대상자를 분리해 개별화된 교육과정을 제공한다.

교실 의자에 앉아 턱을 괴고 창문 쪽을 바라보니 노란 버스에서 통통 튀며 내리는 아이들 모습이 눈에 들어왔다. 학교로 와다닥 뛰어 들어오는 아이들 머리 위로 책가방이 고개를 빼꼼히 내밀었다 들어가기를 반복했다. 마치 긴 겨울 동안 움츠렸던 싹들이 으라차차 하고 돋아나려는 것 같았다. 그 모습이 너무 귀여워 의자에서 일어나 창문 가까이 갔다. 그 푸릇푸릇한 아이들 중 누가 우리 반으로 올지 너무 궁금했다.

그때 누군가가 교실 문을 대차게 열었다. 오동통하고 귀여운 여자아이가 문 앞에 서 있었는데, 곁눈질로 나를 빤히 쳐다보더니 문을 쾅 닫고는 사라졌다. '아, 여기 오는 학생이구나. 나랑 기싸움 좀 하겠군⋯⋯.' 조금 있다 또 문이 살그미 열리더니 한 아이가 걸어 들어왔다. 그러고는 오래전부터 나를 알고 있었다는 듯 친근하게 굴더니 자기 말만 폭포수처럼 쏟아내기 시작했다.

"선생님이 특수학급 선생님이에요? 어디 살아요? 차 있어요? 저는 간호사 될 거예요. 선생님, 몰랐죠? 그런데 엄마가 언니들한테 까불지 말라고 했어요. 오늘 공부해요? 전 어제 학습지 풀었어요. 엄마한테 혼났어요. 엄마가 청소기는 언니들이 돌리는 거라고 했어요. 이제 3학년 되는데. 종 쳤어요? 오늘 다목적실에 가요? 선생님 출장 안 가는 날이야. 에이, 오늘 방과후 하네. 안녕히 계세요."

널뛰는 주제에 따라 내 심장도 두근두근 뛰었다. 우리 반 아이라는 생각에 설레고 좋아서, 말괄량이 삐삐 머리를 한 아이의 이야기를 듣는 내 몸이 자꾸 간지러워졌다. 피식 새어 나오는 웃음을 꾹 참고 있다 이야기 끝자락에 아이 머리를 두 번 쓰다듬었다. 그러자 아이가 달맞이꽃처럼 활짝 웃으면서 교실을 나갔다. 아이의 뒷모습을 향해 나도 달맞이꽃처럼 웃으면서 다른 아이들은 또 어떤 매력으로 나를 사로잡을지가 궁금해졌다. 개학식이 열리는 다목적실로 가는 발걸음이 가벼워졌다.

다목적실에 전교생이 모여 있었다. 전교생이라고 해 봤자 70명 남짓이지만, 왁자지껄한 가운데 아이들의 에너지가 팍팍 느껴졌다. 오랜만에 등교했으니 그동안 못 한 말, 하고 싶은 말이 가득했으리라. 나는 그 속에서 우리 반 아이들을 찾아보려고 티 안 나게 두리번거렸다. 분명 나를 힐끔힐끔 보는 아이 중 한 명일 거라고 생각했다. 궁금증을 다 해결하지 못한 채 개학식이 시작되었다. 얼마 있다 새로 온 선생님을 소개하는 시간이 되었다. 나뿐만 아니라 교감 선생님과 교장 선생님도 새로 오셨다.

"안녕하세요, 선생님은 특수학급을 맡게 된 주효림이라고 해요. 여러분을 만나서 정말 반가워요. 아침에 노란 버스에서 내려 등교하는 모습이 참 즐거워 보였어요. 선생님도 여러분처럼 즐겁게 학교생활을 하고 싶어요. 그래서 여러분이 선생님을 많이 도와주면 좋겠어요. 가끔 특수학급에 놀러 와도 좋아요. 만나서 정말 반가워요."

개학식을 마치고 각 교실로 돌아가는 길에 몇몇 아이들이 기다렸다는 듯 총총 나를 따라 나왔다.

"선생님 진짜로 특수학급에 놀러 가도 돼요?"

"놀러 가면 뭐 하고 놀 거예요? 간식도 줘요?"

"쉬는 시간도, 점심시간도 괜찮아요?"

신나게 질문만 하고 대답할 기회를 주지 않는 아이들과 발맞춰 걸으며 오늘 아침 교무실에서 들은, 아동 보호 시설에서 생활하는 학생들이 많다던 어느 선생님의 말이 떠올랐다. 그래서 '아, 이 아이들, 사람이랑 사랑이 고프구나.' 하고 생각했다.

"응, 특수학급에서 친구들이 공부하고 있을 때 빼고 언제든 놀러 와도 돼. 뭘 하고 놀아도 재미있겠지."

총총 따라오면서 말 걸던 아이들이 까르르 웃으며 사라졌다.

"나는 안 갈 거예요. 특수학급은 시시하고 재미없잖아요."

신난 아이들 옆에서 삐죽거리는 입과 눈빛으로 일부러 삐뚤게 말하는 아이도 있었다. '사랑이 더 많이 고픈 아이'라는 생각이 들었다. 아이들에게 사랑 화수분 같은 교사가 되고 싶다고 생각했다.

학교마다 상황이 다르지만, 특수학급이 있는 많은 학교에서 새 학년이 시작하고 얼마간 '통합학급 적응 기간'을 둔다. 통합학급은 특수교육 대상자가 포함된 일반 학급이다. 이 기간에는 특수교육 대상자들이 특수학급에 오지 않고 모든 학교생활을 통합학급에서 한다. 즉 환경 변화에 익숙하지 않은 특수교육 대상자들이 일정 기간 새로운 환경에서 새로운 선생님, 새로운 친구들과 학급 규칙을 익히며 공동체의 일원이 되도록 하는 것이다. 물론 이 기간이 특수교육 대상자만의 적응을 위해 필요한 것은 아니다. 통합학급 선생님과 친구들도 특수교육 대상자를 학급 구성원으로 인정하고 이해하고 존중할 기초를 닦는 시간을 갖기 때문이다. 이때 특수학급에서는 학생의 교육적 요구 수준을 파악하기 위해 진단평가와 보호자 상담을 진행하고 개별화 교육계획을 세운다. 나는 특수학급 학생들의 학습 결과물을 모아 둔 포트폴리오를 찬찬히 살펴보았다. 거기에는 지우개로 지워도 남는 연필

자국처럼 아이들의 노력이 고스란히 담겨 있었다.

'천 리 길도 한 걸음부터'라는 말이 있다. 이렇게 출발한 내가 큰일이 없다면 30년을 교직에 몸담고 있다가 퇴직한다. 대학 생활과 임용시험 준비 기간까지 합하면, 100세 인생의 반절쯤을 특수교사로 사는 것이다. 그 시간 동안 많은 아이를 만날 테고, 그 아이들을 만나기 위해 기쁘게 출근하고 싶다. 물론 어떤 날은 괴로움과 고통 속에 출근하는 날이 있을 것이다. 천진난만한 아이들의 모습이 예뻐 죽겠다는 날도 있을 것이다. 천방지축인 아이들 때문에 미쳐 죽겠다는 날도 분명히 있을 것이다. 그럴 때면 내가 처음 출근하던 날을 떠올리기로 했다. 그토록 만나고 싶던 아이들을 만난 첫날. 김춘수 시인이 「꽃」에서 '내가 그의 이름을 불러주었을 때 그는 나에게로 와서 꽃이 되었다'고 한 것처럼 아이들이 나를 선생님으로 불러 준 첫날, 내가 아이들의 이름을 불러 준 첫날, 서로가 서로에게 의미 있는 존재가 된 첫날……. 이날은 내가 '천 리 길을 가기 위해 처음으로 걸음을 뗀' 의미 있는 날이다. 비록 한 걸음이었지만 마음만큼은 천 걸음을 디딘 것같이 두근거리고 벅차던 날이다.

우리 반에 놀러 오세요

　　사랑반, 도움반, 학습도움실, 통합지원실, 개별학습
실……. 우리나라에서 특수학급을 가리키는 이름들이다. 전
에 있던 학교에서 특수학급을 '사랑반'이라고 불렀다. 사랑
이 특별히 더 필요한 학생들이 있는 반이라서? 사랑스러운
학생들이 있어서? 아니면, 서로 사랑하라고? 잘 모르겠다. 지
금 일하는 학교는 '개별학습반'이라고 부른다. 우린 개별 수
업만이 아니라 전체 수업도 하는데……. 사랑반이든 개별학
습반이든 썩 마음에 들지는 않는다.

　　언젠가 교육청에서 각 학교 특수학급의 이름을 정비하
라는 공문이 왔다. 현재 쓰는 특수학급 이름 때문에 특수교
육 대상자가 차별과 어려움을 겪지 않도록 가치 중립적인 이

름으로 정비하라는 것이었다. 가치 중립적인 이름이라…….
별님반? 해바라기반? 이런 건 너무 유치원 같아서 탈락시켰
다. 특수학급은 여러 학년의 학생들이 함께 공부하는 '무학
년제 학급'이다. 그러니 가운데 학년인 3학년을 기준으로 삼
아 '3학년'이라고 하고, 우리 학교 3학년은 1반까지 있으니
특수학급을 '2반'이라고 해 볼까? 그러면 특수학급에 있는
4~6학년 학생들이 안 좋아할 것 같다. 5학년인데 왜 3학년이
라고 하냐며 동생들이 얕잡아 볼 수도 있으니 탈락! 이건 이
래서 탈락, 저건 저래서 탈락! 아무리 머리를 굴려 봐도 좋은
이름이 생각나지 않았다. 1학년 1반, 2학년 1반처럼 학급 이
름이 붙은 학교에서 무학년제 특수학급은 어떤 이름을 써도
특별한 반, 튀는 반이기 때문이다.

　장애인 등에 대한 특수교육법상 초등학교 특수학급의
정원은 최대 여섯 명이다. 학년과 상관없이 대개 일반 학급
의 국어, 수학 시간에 특수학급으로 와 수업하며 이런 시간
이 한 학생당 주 8~10시간이다. 국어, 수학 시간이 반마다 다
르니 학생들이 특수학급에 오는 시간도 제각각이다. 특수학
급에 모든 특수교육 대상자가 다 모이는 시간도 있고, 학생
한 명만 오는 시간도 있다. 모든 학생이 모이는 시간에는 특
색 활동이나 주제 수업을 진행하고, 학생 한 명이 오는 시간
에는 일대일 집중 수업을 진행한다.

　2021년 교육부에서 발표한 특수교육 통계를 보면, 우
리나라의 특수교육 대상자가 9만 8147명이다. 이들은 장애

인 등에 대한 특수교육법에 따라 특수교육이 필요하다고 진단 평가된 학생이다. 특수교육 대상자로 선정되려면 각 지역에 있는 특수교육 지원 센터에서 인지, 정서, 행동 등 어떤 교육적 지원이 필요한지를 진단 평가받는다. 그리고 특수교육 대상자로 선정되면 장애 정도, 능력, 보호자의 의견을 고려해 일반 학교의 일반 학급, 일반 학교의 일반 학급과 특수학급 그리고 특수학교로 배치된다. 일반 학교의 일반 학급에 배치된 특수교육 대상자는 일반 학급에서 또래들과 함께 교육받으며 특수교육 관련 서비스만 제공받는다. 일반 학교의 일반 학급과 특수학급에 배치된 특수교육 대상자는 일반 학급과 특수학급을 오가며 교육받는다. 마지막으로 특수학교에 배치받은 특수교육 대상자는 일반 교육과 분리된 형태로 특수교육 대상자끼리 교육받는다.

특수교육 대상자 중 일반 학교의 일반 학급에서 교육받는 학생은 1만 6592명, 일반 학교의 일반 학급과 특수학급에 소속한 학생이 5만 4272명이며 특수학교와 지원 센터에 각각 2만 7022명, 261명이 있다. 이 중 일반 학교의 일반 학급과 특수학급에 속한 학생들이 특수학급의 이름 때문에 학교에서 차별과 어려움을 겪지 않게 하려면, 일반 학급과 특수학급을 포함한 학교 전체 학급의 이름을 바꿔야 한다고 본다. 지금처럼 나이를 기준으로 학급 편성은 하되, 담임선생님과 학생들이 학급 이름을 해마다 새롭게 정하면 좋겠다. 획일적으로 학년과 반을 쓴 명패 대신 학생들이 함께 정하고 만든

학급 명패를 교실 문에 걸면 학급에 대한 애정과 소속감이 더 커지지 않을까? 그럼 특수학급이 사랑반이든 해바라기반이든 우정반이든 어떤 이름을 써도 튀지 않을 것이다.

내가 다닌 초등학교에도 희망반이라는 특수학급이 있었는데, 그 앞을 지날 때마다 걸음을 재촉한 기억이 있다. 어린 마음에 무섭게 소리를 지르면서 울거나 막 뛰어다니는 이상한 언니, 오빠 들이 오가는 교실이라고 생각해 본능적으로 피한 것 같다. 그때 우리 반 친구들은 번호순으로 희망반을 청소했다. 청소 당번이 된 첫날! 희망반이 어떤 곳일지 궁금하면서도 두려웠다. 그런데 막상 들어가 보니 내가 공부하는 교실하고 다를 게 없었다. 굳이 다른 점을 찾자면 학생들이 쓸 수 있는 컴퓨터가 있고 책걸상이 적다는 것 그리고 우리 교실에 없는 신기한 장난감(지금 생각으로는 한글과 수학 교구)들이 있다는 것이었다. 오히려 우리 교실보다 더 재미있고 좋아 보였다.

내가 어릴 때 특수학급은 같은 학교 담장 안에 있어도 유난히 벽이 높았다. 지금은 전교생에게 해마다 두 번 이상 장애 이해 교육(또는 장애 인식 개선 교육, 장애 공감 교육)을 하지만, 그때는 그런 게 없었다. 장애 학생과 비장애 학생의 분리 교육을 당연하게 여기던 때다. 특수교육이라는 학문이 우리나라에 들어온 지 얼마 되지 않아, 특수교사의 수가 아주 적었다. 시대 흐름에 따라 특수학급을 만들긴 했지만 특수교사가 없으니, 대부분의 특수학급을 일반 교사가 맡는 형편이었다. 당시 교사와 행정가 들이 나빠서가 아니다. 장애인에 대한 우리나라의 인식이 그랬고, 장애 학생을 어떻게 교육해야 하는지 몰랐기 때문이다.

지금은 어떨까? 내가 초등학생일 때보다는 낫지만, 장애인에 대한 인식과 장애 이해 교육에 문제가 없지 않다고 본다. 교육부 지침으로 학생들을 대상으로 연 2회 실시하는 장애 이해 교육이 의례적인 수준에 머무를 때가 많다. 한 해 두 번 교육으로 장애인에 대한 인식이 극적으로 개선될 리 만무하다. 장애 이해 교육 담당 교사가 '장애'를 어떻게 인식하느냐에 따라 교육의 방향이나 질이 결정되기도 한다. 장애인이든 비장애인이든 사회에서 함께 살아가는 데 필요한 '존중'이나 '이해'보다 장애인에 대한 '배려'나 '일방적인 도움'에 교육의 초점을 맞춘 경우가 종종 있다. 개인보다 장애를 앞세우는 인식 때문이다. 때로 '장애 체험'이라는 명목으로 눈 가리고 걷기, 입으로 펜 물고 자기 이름 쓰기 등 장애의 불편함을 체험하게도 한다. 이는 오히려 장애를 부정적으로 인식하게 만든다.

나는 '장애가 있다'는 말과 '장애를 경험한다'는 말을 함께 쓴다. 장애 자체를 성격이나 혈액형처럼 개인의 특성으로 받아들이면 좋겠다. 하지만 사회적 장벽 때문에 장애가 있는 개인은 장애를 더 많이 '경험'하게 된다. '장애가 있다'고 하면 장애가 개인의 문제가 되지만, '장애를 경험한다'고 하면 장애를 사회적인 문제로 보게 한다. 물리적, 사회적으로 그리고 심리적으로 개인이 독립된 주체로서 살아가는 데 아무런 불편이 없다면 장애는 장애가 아니다. 그러나 한 개인의 어떤 특성이 삶에 불편한 요소로 작용하면 장애가 되는 것이다.

1학년 지훈이*가 통합학급 적응 기간을 마치고 특수학급에 온 어느 날 일이다. 국어, 수학 시간마다 사라지는 지훈이가 신기했는지 같은 반 친구 몇몇이 뒤를 밟았다. 특수학급으로 들어오는 지훈이를 따라 누군가가 교실 문을 빼꼼 열었다. 그러더니 잽싸게 닫고 도망치듯 가 버렸다. 다음 날에는 1학년 학생들이 물 마시러 내려오는 시간에 특수학급 문을 활짝 열어 두었다. 학생들은 특수학급을 보려는 게 아니라 문이 열려서, 마침 물을 마시는 김에 본다는 듯 아주 자연스럽게 우리 반을 둘러보았다. 학기 초 장애 이해 교육 때 특수학급에 대해 소개한 내용을 기억하는 학생도 있었다.

"아, 여기가 천천히 공부하는 친구들 교실인가 봐."

"우리 교실이랑 똑같네. 아니, 우리 교실보다 좋다."

"우리 선생님이 지훈이도 여기서 공부한다고 했어."

"지훈이는 공부 가르쳐 주는 선생님이 두 명이라 좋겠다."

나도 통합학급 담임선생님도 지훈이의 장애와 특수학급에 대해 지도하지 않은 게 아니다. 단지 학생들에게 '특수

● 학생 이름은 가명으로 처리했다.

학급', '장애인'이 익숙하지 않다. 낯설어서 멀리하는 것이다. 장님 코끼리 만지는 격이라는 말이 있다. 아무리 교실에서 공자 왈 맹자 왈 해도 직접 보고 겪는 것만 못하다. 그래서 특수학급은 지금보다 더 열려야 한다. 활짝 열려야 한다. 지금까지 우리가 품고 있던 편견이 툭 벗겨지도록 특수학급의 문턱이 낮아져야 한다. 뭐든 속을 봐야 고칠 것은 고치고, 바꿀 것은 바꾸지 않나? 누구든 특수학급에 와서 놀고, 그러다 장애가 있는 친구에 대해 알게 되고, 그래서 친구가 되면 서로 이해하고, 이해하니 서로 존중하게 되고…….

그래서 나는 자주 이렇게 말한다.

"언제든지, 누구든지 우리 반에 놀러 오세요. 특별히 좋은 건 없지만 있을 건 다 있답니다. 다양한 방법으로 공부 중인 우리와 함께해요."

망해 버린 첫 수업

    나는 우리 학생들을 들꽃이라고 부른다. 들꽃은 자세히 보는 이가 드물다. 제각기 이름이 있을 테지만, 그 이름을 몰라 그냥 들꽃이라고 불리는 꽃도 많다. 땅에 붙어 자라는 꽃은 너무 작아서 사람들의 발에 무참히 밟히기도 한다. 밟히고도 용케 다음 해 비슷한 시기에 다시 그 자리에서 자란다. 투박한 모습이지만 자세히 보면 충분히 아름답다.

    들꽃들을 만나 처음 수업하던 날이 생각난다. 첫 만남인 만큼 자기소개를 준비했다. 이름, 학년, 좋아하는 것, 잘하는 것, 새 학년 다짐 등에 대해 이야기해 볼 생각이었다. 자기소개를 조금 특별하게 하고 싶어서 적당한 그림책도 골랐다. 아이들이 좋아하게 알록달록한 색으로 학습 활동지도 만들었다. 나도 자기소개를 할 생각이었다. 머릿속에서 우리가 처음 만나는 교실 속 수업 상황을 여러 번 그려 봤다. 새로운 것을 좋아하는 성향 때문에 같은 일 반복이 유쾌하지 않은 나지만, 신기하게도 첫 수업 상상은 할수록 재미있었다.

통합학급 적응 기간을 거치고 드디어 첫 수업을 하던 날, 평소보다 더 일찍 출근해 교실을 쓸고 닦았다. 칠판에 날짜를 적고, 미리 만들어 둔 공부할 문제와 학습 활동 알림판도 붙였다. 1교시 종이 울린 뒤 들꽃들이 교실 문을 열고 들어왔다. 눈동자에 별이 하나씩 박혀 있었다. 그 눈동자를 보니 가슴이 두근두근 뛰며 첫 만남, 첫 수업에 대한 기대감이 최고조로 올랐다.

드디어 첫 수업을 시작했다. 내가 약간 떨리는 목소리로 그림책을 읽었다. 그림책에 빠져들며 집중하는 학생이 있고, 책상을 두드리다 이따금 그림책을 흘깃 보는 학생도 있었다. 계획한 대로 그림책을 다 읽었다. 그리고 비장의 무기를 내놓듯, 준비한 학습 활동지를 "짜잔!" 하며 꺼냈다.

"우리 처음 만났죠. 서로 잘 알기 위해 오늘은 자기소개를 할 거예요. 활동지를 각자 쓰고 한 명씩 발표해 봅시다."

학습 활동지를 받아 든 아이들이 연필과 지우개를 꺼냈다. 말하지 않았는데도 연필과 지우개를 꺼낸 아이들을 보며 전임자 말처럼 훌륭하다고 생각했다. 그러나 거기까지였다. 여전히 별이 박힌 눈으로 나를 보는 아이들……. 그 순간 나는 당황할 수밖에 없었다.

"활동지 맨 위에 각자 이름부터 쓸까요?"

내 말에 여섯 명 중 딱 두 명이 이름을 활동지 맨 위에 적었다. 나머지 네 명은 내 얼굴을 보며 해맑게 웃기만 했다.

아뿔싸! 열심히 준비한 수업이, 학습 활동지가 휴지 조각이 되어 버리는 순간이었다. 인수인계 때 분명히 들었다. "문제 행동이 없고 수업에도 열심히 참여해요."(요즘은 도전 행동이라고 하지만 그때만 해도 문제 행동이라는 문제 있는 말을 썼다.) 수업에 열심히 참여한다니 당연히 한글을 읽고 쓸 줄 안다고 생각했다. 명백히 내 불찰이었다. 대학에서 4년간 특수교육을 배우고 교육실습을 하고 기간제 교사 생활을 했지만, 학생들에 대한 이해가 부족했다. 지금 생각해 보면 학생들의 전년도 학습 포트폴리오나 개별화 교육 계획 등을 미리 꼼꼼하게 살펴보는 게 당연한데, 통합학급 적응 기간 동안 교실 꾸미기에만 급급했다. 아이들의 교육적 요구나 수준을 정확히 파악하지 못한 채 내 힘과 의지로 어떻게든 아이들을 끌고 가겠다는 열정만 불타올랐다. 마치 앞만 보고 달리도록 눈가리개를 한 경주마 같았다. 내가 하고 싶은 것에만 골몰해서 학생들을 전혀 고려하지 못했다. 특수교육의 꽃은 학생 개개인의 요구 수준에 알맞은 개별화 교육을 하는 것인데도 말이다.

그렇게 첫 수업은 실패(!)했다. 20분이나 일찍 끝나 버린 수업. 활동지에 이름만 겨우겨우 적다 끝났으니, 수업 전후로 마음이 롤러코스터를 타는 것 같았다. 겨우 몇 분 만에 극도의 설렘이 절망으로 바뀌었다. 나에 대한 실망과 책망을 가득 품고 자리로 돌아와 털썩 앉았다. 그런데 눈치 없이 쫄래쫄래 따라온 들꽃들이 내가 자리에 앉기가 무섭게 내 의자며 책상에 딱 달라붙었다. 롤러코스터에서 막 내린 선생님 마음 따위 1도 관심이 없다는 듯 질문 폭격을 시작했다.

"선생님, 치마 좋아해요? 바지 좋아해요?"

"선생님, 스파이더맨 알아요?"

"선생님은 어디 살아요?"

어럽쇼? 들꽃들의 어수선한 질문에 대답하다 보니 내 소개가 끝났다. 이런 자기소개는 처음이라 당황스러웠다. 역시 내가 당황하든 말든, 학생들이 다음 질문을 쏟아 냈다.

"선생님, 이 옷 누가 사 줬게요?"

"선생님, 제가 스파이더맨이랑 아이언맨 중에 누굴 좋아하게요?"

"선생님, 저는 어디 살게요?"

내가 틀린 답을 말해도 학생들이 싫은 내색 없이 술술 정답을 말해 주면서 아주 자연스럽게 자기소개도 끝냈다. 결국 내가 학습 활동지를 준비하며 목표로 삼은 것보다 학생들에 대해 훨씬 더 많이 알게 되었다. 더 당황스러웠다.

첫째, 자신의 실제적인 삶과 연결될 때.

둘째, 학교가 학생들이 배우기를 원하는 것을 배울 수 있게 하는 곳일 때.

셋째, 흥미와 호기심이 있을 때.

넷째, 학습에 대한 주도권을 가질 때.

다섯째, 스스로 정말 알아야 한다고 느낄 때.

존 홀트의 책 『아이들은 어떻게 배우는가』에 있는, 배움이 일어나는 다섯 가지 상황이다. 늦게나마 반성해 보니 내 첫 수업은, 학생들의 흥미와 호기심을 고려하지 않았고 학생들에게 주도권이 없었으며 서로가 서로에 대해 알아야 한다고 느낄 만한 동기를 주지도 않았다. 그런데도 학생들이 기회를 놓치지 않고 흥미와 호기심과 주도권을 가지고 질문을 했다. 선생님을 알고 싶은 마음, 선생님에게 자신을 알리고 싶은 마음이 동기가 되어 배움이 일어난 첫날이었다. 나에게는 완벽하게 준비된 40분 수업을 넘어 진정한 배움이란 무엇인가에 대해 깊이 생각해 본 첫날이다. 그리고 이 고민에 대한 답을 찾아 가기 위해 교단 일기를 쓰겠다고 마음먹은 날이기도 하다.

들꽃들의 삶에 진정한 배움이 일어나도록 매일매일 그날의 호흡을 맞춰 가고 있다. 호흡이 잘 맞아, 가르치는 이도 배우는 이도 즐거운 수업이 되는 날이 있다. 물론 호흡이 잘 맞지 않아 힘든 날도 있다. 그러나 좋은 날은 좋은 날대로 힘든 날은 힘든 날 대로 다 의미가 있다고 생각한다. 줄탁동시 啐啄同時. 나와 우리 들꽃들은 껍질을 깨기 위해 모든 순간에 조금씩 잘하고 있고, 자라고 있다.

기댈 언덕

"어이구, 넌 만만한 게 엄마지, 엄마야. 그래, 네가 무슨 죄가 있냐? 널 낳은 내 죄가 크지."

살면서 한 번은 들었을 법한 말이다. 학교에서 친구랑 다투거나 기분 상하는 일을 겪고 집에 가면 죄 없는 엄마에게 분풀이를 한 기억이 있다. 집에 들어서자마자 온갖 짜증을 쏟아 내는 딸을 등지고 저녁 식사를 준비하던 엄마는 연신 말하셨다.

"나쁜 기집애. 만만한 게 엄마지. 이것아, 밥이나 먹어! 쓸데없이 기운 빼지 말고."

무심하게 툭 툭 그릇 내려놓는 소리에 이끌려 식탁으로 가면, 엄마한테 온갖 짜증을 낸 게 미안해서 데면데면하게 굴었다. 그런데 엄마는 딸자식 마음을 풀어 주려는 듯 내가 가장 좋아하는 음식을 뚝딱 만들어서 올려놔, 엄마에게 미안한 마음이 커졌다. 미안해하는 딸의 마음을 귀신같이 알아차린 엄마는 아무 일도 없었다는 듯이 반찬을 내 밥에 올려 주셨다. 그렇게 맛있는 엄마 밥 몇 숟가락에 몇 마디의 말을 주고받다 보면 토라진 마음이 나도 모르게 스르르 풀린 기억이 있다. 애초에 엄마에게 마음이 상한 것도 아니고, 애꿎은 엄마에게 마음 풀이를 하려던 것은 더더욱 아니다. '다음엔 그러지 말아야지.' 반성하고 다짐하면서도 언제 그랬냐는 듯 다 잊어버리고 또 엄마에게 짜증을 내곤 했다. 세상에서 가장 편한 사람은 '엄마'뿐이라 그런 것이다.

들꽃 중 몇 명이 5학년이던 때의 일이다. 매년 교사들은 전문성을 기르기 위해 수업을 동료에게 공개하고 함께 나누는 '장학'이라는 것을 한다. 동료들이 짝을 이루어 장학을 실시하는 날이었다. 나는 5학년 교실에 수업 참관을 하러 갔다. 고려 시대에 관한 수업 내용이 들꽃들에게는 다소 어려울 텐데, 어떤 모습으로 수업에 참여할지 궁금한 한편 기대도 되었다. 그리고 이날 들꽃들의 새로운 면모를 보았다.

"선생님, 자유 시간 딱 10분 주세요."

"선생님, 이거 하기 싫어요. 꼭 해야 해요?"

날마다 수업 시작 전에 나랑 거래하려던 아이들이 통합 학급 수업 시간엔 꼼짝없이 앉아서 담임선생님의 말씀을 듣고 있었다. 몰라요, 안 해요, 왜요 같은 말을 한 번도 하지 않고 어려운 과제는 옆 친구의 것을 몰~래 보고 적는 신공까지 발휘하면서 40분 수업에 오롯이 참여하는 모습을 처음 봤다. 나도 모르게 입술을 꾹 다물고 있었다. '이 아이들이 나를 만만하게 보고 있었나? 통합학급에서는 찍소리도 못 하네.' 이런 생각이 스치며 괘씸함을 느꼈다. 그것도 잠시, 이내 대견한 마음으로, 다시 불편하고 우울한 마음으로 바뀌었다.

비장애 학생들은 자라면서 '눈치'라는 사회적 기술을 자연스럽게 습득한다. 그러나 장애 학생들은 눈치를 습득하고 사용하는 게 다 보통 일이 아니다. 연습에 연습을 거듭해야 겨우 얻게 되는 (때로 못 얻기도 하는) 기술인 것이다. 물론 장애 정도나 특성에 따라 쉽게 배우기도 한다. 그러나 많은 경우, 사회적 기술 습득은 어려운 일이다. 그런데 통합학급 교실에서 우리 들꽃들이 '눈치 기술'을 쓰고 있었다. 비록 자신들에게는 수업 주제가 어려웠지만, 다른 친구들이 열심히 공부하는 상황에서 특별히 튀는 일이 없도록 애쓰고 있었다. 게다가 교실 뒤에 특수학급 선생님이 딱 서 있으니, 잘 보이고 싶은 마음도 있었던 것 같다. 뒤에 서 있는 선생님에게 관심 없는 척, 절대 안 보는 척하면서 힐끔힐끔 눈이 마주치면 당황해서 눈길을 피하는 모습이 귀엽고 대견해 나도 모르게 "선생님 여기 있어."라고 말하듯 어깨에 힘이 들어갔다.

그러나 얼마 안 가 어깨의 힘이 쭉 빠졌다. 들꽃들에게 특수학급은 '홈', 통합학급은 '원정 경기장'처럼 느껴졌기 때문이다. 원정 경기 중인 선수가 상대 팀 홈그라운드의 분위기에 압도당해 자기 기량을 다 펼치지 못하는 것 같았다. 특수학급에서는 선생님과 맞설 만큼 자신감 넘치는 아이들이 통합학급에서는 목소리 한번 못 내고 있었다. 그 모습을 보고 있자니 속이 너무 상했다. 통합학급 수업은 끝났다. 누가 시키지 않았는데도 스스로 비장애 친구들 사이에서 위축된 모습으로 앉아 있던 들꽃들을 못 본 척하고 교실로 돌아왔다. 마음이 무거웠다. 머리부터 발끝까지 흠뻑 젖은 채로 모래밭을 걷는 것 같았다.

우리 들꽃들에게 그 누구도 장애가 나쁘다고 가르치지는 않았을 것이다. 그런데 왜 들꽃들이 다른 친구들과 똑같아 보이려고 애를 쓰고 있었을까? 장애가 부끄러워서 숨기고 싶었을까? 만약 그렇다면 누가, 무엇이 우리 들꽃들을 그렇게 만들었을까? 들꽃들의 깊고 깊은 마음을 내가 다 알 수는 없지만, 아마 원치 않은 시선을 받고 또 받으면서 자연스레 장애를 숨기고 싶었을 것이다. 답답했다. 왜 우리 사회는 다름을 개성으로 존중하지 못할까? 장애도 혈액형이나 성격 유형처럼 받아들일 수는 없을까?

이런 생각에 잠겨 있을 때 교실 앞문이 벌컥 열렸다. 들꽃이었다. 방과후 수업에 들어가기 전에 들렀다지만, 사실 핑계였다. 수업 시간에 자기 모습을 잘 봤냐고 묻고 싶어서 온 것이다.

"선생님, '고려' 배워 봤죠? 아, 나 이제 방과후 가야 하네. 방과후 진짜 하기 싫어."

너스레를 떠는 아이에게 서랍에 있던 막대 사탕을 하나 건넸다. 사탕을 받은 아이가 감사 인사를 하더니 자기 모습을 잘 봤냐고 물은 뒤 대답은 듣지도 않고 교실을 나갔다.

문득 엄마 생각이 났다. "이것아, 밥이나 먹어! 쓸데없이 기운 빼지 말고." 하시던 날의 엄마 말이다. 아직 엄마 마음을 다 알 순 없지만, 종로에서 뺨 맞고 한강에서 눈 흘기는 딸자식을 위해 맛있는 반찬을 하시던 엄마 마음이 오늘 내 마음 같았겠구나 싶었다. 어깨를 토닥토닥 두드리며 "잘했다. 잘하고 있다. 대견하다……." 말해 주고 싶지만, 그러면 당신 마음도 와장창 무너져 버릴까 봐 애써 모르는 척 무딘 척하며 응원 아닌 응원을 건네는 마음. 치열하고 바람 잘 날 없는 세상에서 엄마는 네 홈그라운드니 언제든 쉬었다 가라는 마음. 우리 엄마의 마음이 그랬겠구나 싶었다.

전라북도에서 초등학교 교사는 발령받은 학교에서 짧게는 2년, 길게는 5년 동안 일한다. 그동안 일반 교사는 해마다 학생과 학년과 반이 바뀌지만, 특수교사는 좀 다르다. 한 학교에 특수학급도 특수교사도 유일무이한 경우가 많아, 한 학교에 있는 동안 같은 교실에서 같은 학생들과 함께하는 것이다. 그러니 눈물, 콧물 흘리면서 등교하던 1학년 꼬마가 2차성징이 나타나는 사춘기 소녀, 소년으로 자라는 과정을 보는 게 낯설지 않다.

교사도 처음 발령받은 학교에서 5년을 쫙 재웠나. 시금부터 7년 전, 삐삐 머리에 쫄쫄이 바지를 입은 귀여운 은선이와 오동통한 수철이가 3학년일 때 처음 만났다. 은선이는 쉬는 시간마다 내 책상 옆으로 와서 어찌나 재잘대던지, 쉬는 시간이 쉬는 시간이 아니었다. 그런데 졸업할 무렵에는 머리를 풀었다 묶었다 하고 입술에 새빨간 틴트를 바르느라 쉬는 시간에 내 옆에 오질 않았다. 상황이 바뀌어도 단단히 바뀌었다. 쉬는 시간이면 내가 은선이 책상 앞에서 재잘재잘 떠들었으니 말이다. 수철이도 마찬가지다. 처음 만났을 땐 현장 체험 학습을 가면 내 손을 꼭 잡고 다니던 아이가, 목소리가 어느 정도 굵어지더니 여자 선생님 손은 안 잡는단다. 왜 손을 안 잡느냐고 내가 볼멘소리를 하면, 부끄럽게 왜 그러냐며 되레 큰소리를 냈다. 손은 여자 친구랑 잡아야 하고, 선생님은 자기 여자 친구가 아니라는 말도 덧붙였다. 이놈들, 올챙이 적 생각 못 하고 참 많이들 자랐다.

이렇게 아이들이 자라는 모습을 보며 특수교사는 아이들의 홈그라운드가 된다. 기댈 언덕이 된다. 엄마가 된다. 언젠가 관내 연합으로 진행된 특수교육 대상자 체험 학습에서 선배 선생님들이 "아이고, 이놈 언제 키운다니?" "다 키워 놨더니 이놈이 나 학교 옮겼다고 아는 척도 안 해?" 하는 말을 들었다. 많은 특수교사들이 학교에서 엄마로 산다 싶었다. 한 학생의 성장을 지켜보는 것이 기쁘고 고맙지만, 늘 유쾌하지만은 않은 일이다. 특수교사로서 일해 보니 정말이지 엄마가 되는 것처럼 느껴졌다. 아이가 자랄 때 나도 성장통을 겪으면서 진짜 선생님이 되어 가는 중이다.

모든 것이 공부

    동장군이 오고 있다는 게 제법 느껴지는 11월의 어느 날, 특수교육 지원 센터가 주관해 월 1회씩 진행하는 진로 체험을 위해 학교를 나섰다. 특수교육은 아이들이 정체성을 확립하고 사회에 적응하며 살아가는 데 도움을 주려는 것이다. 그래서 특수교육 대상자의 자아실현과 사회 통합을 위해 진로 직업 지도가 중요하다. 초등학교에서는 진로 인식, 중학교에서는 진로 탐색, 고등학교 이후에는 진로 준비 과정에 중점을 두는 식으로 학년이 올라갈수록 진로 직업 지도가 강화된다. 그리고 이 단계를 차례로 한 번만 밟기보다는 지속적, 반복적으로 거쳐야 하기 때문에 초등학생부터 체험과 교육을 강화하는 추세다.

행여 들꽃들이 감기에 걸릴까 봐 그 전날 알림장에 "내일 진로 체험 갑니다. 날씨가 추우니 따뜻하게 입혀서 보내 주세요." 하고 적어 보냈다. 그리고 당일 아침 문자로 다시 안내했다. 선생님의 호들갑에 호응한 듯 들꽃들은 따뜻하게 입고 학교에 왔다. 내복을 입었다고 굳이 겉옷을 들춰 가며 자랑하듯 보여 주는 아이도 있었다. 점심 식사 뒤 진로 체험에 참여하려고 부리나케 차에 올랐다. 교실에서 주차장까지 몇 걸음 안 되는 거리였지만, 제법 쌀쌀해진 날씨가 몸을 한껏 움츠리게 했다.

　"푸하하, 선생님 용가리다! 코에서 연기가 나와."

　유난히 추위에 약해 오들오들 떨며 발을 동동 구르는 내 모습이 재미있는지, 평소에 선생님 놀리기가 취미이자 특기인 수철이가 큰 소리로 웃었다. 들꽃들한테는 따뜻하게 입고 오라고 신신당부 해 놓고 정작 나는 카디건 하나 걸치고 출근했다는 사실을 진로 체험에 나가기 직전에야 알았다. 그렇다고 교실에서 들꽃들하고 활동할 때 입는 작업복(!) 차림으로 가기엔 여기저기 묻은 물감과 풀 자국이 너무 지저분했다. 까짓, 차 타고 갔다가 두 시간 체험하고 돌아오면 그만이니 추위를 견뎌 보기로 하고 교실을 나섰다. 그런데 바람이 만만찮게 불어 뼛속은 물론이고 심장까지 얼 것 같았다. 뚜벅이 시절에는 자기 전에 한 번 그리고 아침에 일어나서 한번 날씨를 확인하는 것이 일과였는데, 운전을 하면서부터 생각 없이 옷을 입고 출근하는 날이 많아졌다. 게다가 특수학급은 심야전력으로 바닥 난방을 하는 터라, 교실에 있으면 한겨울에도 심한 추위는 몰랐다.

"너희 코에서도 연기 나오거든! 너희도 용가리다!"

"그럼 우리 연기 오래 나오게 하기 시합해요. 지는 사람 딱밤 맞기."

"좋아, 시~작!"

어떻게든 추위를 잊어 보려고 모두 용가리가 되어 용을 썼다.

두 시간의 진로 체험을 잘 마치고 집에 돌아가려는데 은선이가 훌쩍거리기 시작했다. 그 바람에 하얀 콧물이 작은 콧구멍을 들락날락하는 게 너무 귀여웠다. 또래보다 한참 작아 세 살은 어려 보이는 은선이를 양팔로 감싸 안으니 내 품에 쏙 들어왔다. 은선이도 나를 안으려고 두 팔을 내 허리춤까지 들었다. 그러나 매섭게 부는 바람 때문인지, 내 카디건 속으로 팔을 쏙 넣었다. 이런 똘똘이 같으니라고…….

"은선아, 오늘 너~무 춥지? 선생님도 너~무 춥다."

괜스레 투정 한번 부리고 은선이 표정을 보니, 장난기 가득한 동그란 눈을 두어 번 껌뻑일 뿐 반응이 없었다. 내가 기죽지 않고 엉덩이를 흔들어 대는 촐싹거림까지 선보이며 다시 투정을 부렸다.

"은선아, 오늘 너~무 추워. 선생님은 너무너무 추워서 손이 시리다. 손이 없어질 것 같아."

그제야 은선이가 들릴 듯 말 듯한 목소리로 혼잣말을

했다.

"뭐야, 왜 나한테 말하지?"

은선이의 반응에 난 순간적으로 당황하면서도 웃음이 터졌다. 갑자기 배를 잡고 엄청 큰 소리로 웃는 선생님이 이상하게 보였는지 은선이는 더 커진 동그란 눈동자를 껌벅였다. 나는 내친김에 엉덩이 흔들기에 어깨 들썩이기까지 더해 한 번 더 호들갑을 떨었다.

"은선아, 선생님은 너무 추워 추워 추워! 오늘 너무 너무 너무 추워! 얼어 버릴 것 같아!"

내 호들갑에 적잖이 당황하며 어떻게 반응해야 할지 도통 모르겠다는 표정으로 은선이가 내 옷 속에 둘렀던 팔을 쓱 빼려고 했다. 하지만 그 손을 휙 낚아채 더 큰 소리로 투정을 부렸다.

"뭐야, 선생님도 공감받고 싶다고! '선생님, 춥죠? 손 시리죠?' 말해 주면 안 되냐? 너무해, 진짜."

그제야 은선이가 선생님의 마음을 알았다는 듯 겸연쩍게 피식피식 웃는다. 자존심이 있어서 안 웃는 척 고개를 돌리고 피식 웃는 모습이 어찌나 귀엽던지 과격하게 머리를 쓰다듬었다. 그때 은선이가 무심하게 '옛다' 인심 쓰듯 한마디 했다.

"그럼 따뜻하게 입고 다니세요."

웬 추위 얘길 이렇게 늘어놓나 싶겠지만, 이날 일을 토대로 그다음 날 수업 주제가 자연스레 더해졌다. '공감하는 말하기'. 상대의 상황을 이해하고 공감하며 어떤 말을 해야 할지 알고 실천해 보는 수업이었다.

특수학급에서는 모든 것이 수업 주제와 재료가 된다. 옆 학교 선생님은 한 학기 내내 대형 마트 광고지로 수업하신다고 했다. 학생이 교과서는 통 펴지 않으려 하고 온종일 광고지만 붙들고 있으니, 자연스레 광고지가 교과서가 된 것이다. 결국 최고의 교과서였다고 했다. 숫자 세기, 색 구별하기, 도형 분류하기, 한글 익히기까지. 학생이 가장 좋아하는 게 교육 자료가 됐으니, 얼마나 신나게 공부했을지 눈에 선하다. 학기 말에 너덜너덜해졌다는 광고지가 바로 열심히 공부한 증거 아닌가? 장애 학생들과 수업해 보지 않은 사람은 어떻게 광고지로 한 학기 내내 수업하냐며 의심할 수도 있다. 그러나 특수교사는 그럴 수 있다. 내가 생각해도 마법 같은 능력이다.

그뿐만이 아니다. 특수교사는 학생들의 잔꾀를 간파하고 역으로 이용하는 능력도 갖춘다. 수업 시작 종이 울렸는데, 한 학생이 자리에 앉지 않고 종이 안 울렸다며 우기기 신공을 발휘하면서 화이트보드 앞에 우두커니 서서 보드 마커를 내려놓지 않은 날이 있다.

"선생님, 제가 예쁜 토끼 그릴 테니까 보세요."

이 말은 정말로 토끼가 그리고 싶어서, 잘 그릴 수 있어서 토끼를 그릴 테니 그걸 보고 칭찬해 달라는 게 아니다. 오늘은 공부하기 싫다는 깊은 뜻을 꽁꽁 숨겨 놓은, 독해가 필요한 말이다.

"오, 진짜 예쁜 토끼네. 그럼 너 '토끼가 깡충깡충 뛰어가요.'라고 쓸 수 있어? 어려워서 못 쓸 것 같은데."

"아닌데, 쓸 수 있는데."

"그래? 그럼 써 봐!"

"'토키가 깡쭝깡쭝 뛰어가요.' 이것 봐요. 잘 썼죠?"

"응! 정말 잘 쓰네. 그런데 '토키' 말고 좀 더 센 토끼! '끼'로 바꿔 볼까?"

자, 내 계략에 걸려드는 순간이다. 선생님한테 역공당한 줄 모르고 자기가 선생님을 속였다는 생각에 입이 귀에 걸린 귀여운 아이……. 결국 하늘에 사는 동물, 땅에 사는 동물, 물에 사는 동물까지 생각할 수 있는 동물은 다 생각해서 그리고 쓰고 문장까지 예쁘게 만든 뒤에나 갔다.

특수학급에서는 이렇게 세상 모든 것이 수업 주제고 공부시키는 방법도 여러 가지다. 그런데 무엇부터 어떻게 가르쳐야 할지 고민하지 않은 날이 거짓말 조금 보태서 단 하루도 없다. 지금 우리 학생들은 학교라는 제도 안에서 '못해도 괜찮다'는 정신으로 이것저것 해 보고 있다. 하지만 곧 성인이 되어 학교라는 울타리를 벗어날 때가 온다. 우리 사회가 아직 장애인들을 받아들일 준비가 미흡하기에 학생들의 졸업이 마냥 기쁘지만은 않다. 발달장애인 국가책임제가 도입되기 전에는 내가 가르친 학생 중 누군가가 졸업 후 집에만 있게 될지 모른다. 그러니 시간은 짧은데 배워야 할 것이 산

더미처럼 많다. 뭘 가르칠지 고민을 안 하려야 안 할 수가 없다. 언젠가, 자식이 자신보다 딱 하루 먼저 죽으면 좋겠다는 말을 무덤덤하게 그러나 진심으로 풀어낸 부모의 인터뷰를 봤다. 부모 마음과 비교할 수는 없어도 많은 특수교사가 '무엇을 가르칠까', '어떻게 하면 아이의 강점을 십분 활용할 수 있을까'를 고민하면서 그 마음에 한 발 더 다가간다.

흙을 쌓아 산을 만든다던가? 나도 산을 쌓는 마음으로 흙 한 줌을 쥐어 본다. 손가락 사이로 흙이 다 빠져나가 흙먼지만 남는 날이 숱하다. 그러나 괜찮다. 괜찮다. 좌절하지 않고 흙먼지를 털어 내면 된다. 오늘 남은 흙먼지가 적어도 내일은 조금 더 모일 테고, 그다음 날은 더 많은 흙이 모일 테니 말이다. 그렇게 다시 또다시 흙 한 줌을 쥐어 옮기면 된다. 그래서 오늘도 흙을 쥔다. 까짓, 우리한테는 세상 모든 것이 공부다!

모른 척도 사랑의 방법

예나 지금이나 운동회는 학교의 큰 행사다. 내가 어릴 때 학급별로 부채춤·꼭두각시·카드섹션같이 다양한 장기 자랑을 해서, 귀여운 아이들 재롱을 보려고 온 동네 사람들이 학교에 왔다. 한마디로 운동회가 동네잔치였다. 이기고 지는 것과 상관없이 모두가 한마음으로 신나게 즐긴 기억이 있다. 그때와 비교하면 요즘 운동회는 많이 간소해진 편이다. 달라진 게 또 있다. 예전에는 가을 운동회를 많이 했는데 요즘은 봄 운동회로 많이 한다. 맞벌이 가정이 늘어나면서 5월 1일, 근로자의 날을 활용해 운동회를 하는 것이다. 그러나 변하지 않은 것도 있다. 많은 아이들이 운동회를 좋아한다는 사실.

내가 처음 부임한 학교는 5월에 운동회를 했다. 행사 업체를 불러 음악을 크게 틀어 놓고 다양한 레크리에이션 도구를 활용하는 운동회였다. 봄기운이 완연해지는 4월 중순, 체육 시간에 준비 체조 연습을 시작하면 학생들의 마음은 운동회 모드로 자동 전환된다. 체육 선생님을 졸졸 따라다니면서 청군·백군을 언제 어떤 기준으로 나누는지, 어떤 경기를 할 건지 질문 공세를 한다. 이렇게 학생들이 운동회 모드일 때는 수업 진행이 쉽지 않다. 마음이 콩밭에 있는데, 공부가 잘 되겠나? 게다가 살랑살랑 불어오는 봄바람은 어찌나 달콤하고, 창문 너머 운동장에서 들리는 체육 선생님의 호루라기 소리는 어찌나 경쾌한지……. 수업 시간 내내 창밖 운동장을 힐끔거리게 된다. 치사하지만 이럴 땐 운동회를 빌미로 소소한 협박을 하기도 한다.

우리 들꽃들도 운동회를 참 좋아한다. 반 대표로 경기에 나간 친구들을 응원하는 게 주로 들꽃들의 몫이지만 즐겁게 놀 수 있다는 사실만으로도 즐거운가 보다. 운동회 날짜가 발표되고 청군·백군까지 정해지면 들꽃들이 운동회 모드다. 청군에는 달리기를 잘하는 아무개가 있네, 백군에 좋아하는 친구가 있네 하며 얘깃거리가 온통 운동회다. 평소에 잘하지 않던 질문도 부쩍 늘어난다. 공부하다 뜬금없이 선생님은 어떤 팀을 응원할 거냐고 묻기도 한다. 들꽃들끼리 같은 편이 된 해는 괜찮지만, 청군과 백군으로 나뉜 해에는 대답하려야 할 수 없는 질문 공세에 매일 시달린다. 나를 자기편으로 끌어가려고 물밑 작업까지 하는 모습이 진지해서 귀엽다.

"선생님은 누구 응원할 거예요?"

"당연히 우리 청팀이죠?"

"아니야, 선생님은 원래 하얀색 좋아해."

"선생님, 저 오늘 수학 잘했죠? 그럼 선생님 청팀이에요?"

"이것들!! 공부 시간에 계속 운동회 얘기 할래?"

"그럼 운동회 얘기 안 하는 사람 팀 할 거예요?"

도저히 이길 수 없는 강적들이다. 그런데 막상 운동회 날이 되면 들꽃들의 태도가 180도 바뀐다. 분명 자기 팀으로 선생님을 끌어가려고 전쟁 아닌 전쟁을 치르던 아이들이 내가 언제 그랬냐는 식이다. 처음 겪을 때는 이런 상황이 당혹스럽고 서운했지만 한 해, 두 해 거치고 나니 이제 아무렇지도 않다. 이런 일이 운동회 날에만 벌어지는 게 아니다. 특수학급에서는 나를 졸졸 따라다니며 껌딱지처럼 붙어 재잘대지만, 특수학급을 나서는 순간 나는 반투명인간이 된다. 급식실에서, 운동장에서, 소풍 간 곳에서도 아이들은 요즘 말로 '생깐다'. 하지만 나에 대해 신경을 아예 꺼 버리지는 않는다. 곁눈질로 힐끔힐끔 내 일거수일투족을 지켜본다. 그러다 눈이 마주치면 얼른 눈길을 피하고 관심 없는 척한다. 장난기가 발동한 내가 일부러 들꽃들을 골리려고 다른 학생들과 깔깔대고 장난치면, 자연스레 다가와 참견 아닌 참견을 하고 간다.

"야, 너 지금 왜 여기 있어? 얼른 가!"

"왜? 나 주효림 선생님이랑 얘기할 거야."

"야, 얼른 가라고 했지."

"아, 싫어. 왜 언니 마음대로 하려고 해?"

나하고 장난치는 대상이 자기보다 어리면, 완력을 써서 동생을 끌고 가는 경우도 있다. 그럴 때면 선생님이 나만의 선생님이면 좋겠다는 들꽃의 마음을 아니까, 동생에게 왜 그러느냐고 다그치지 않고 슬그머니 들꽃 편을 든다. 즐거운 한때를 마무리하고 못 이기는 척 자리를 파하면 그제야 들꽃들도 자기 자리로 돌아간다. 그러나 안심은 금물이다. 이미 선생님이 다른 친구들에게 노출된 걸 봤으니 들꽃들은 가만히 있지 못한다. 곁눈질 감시가 더 심해진다. 내 주변을 주기적으로 맴돌면서 놀 때도 있다. 내 부름이나 아는 척에는 절대 응하지 않으면서 말이다.

이건 들꽃들의 귀여운 질투다. 특수학급 선생님은 내 선생님인데, 내 선생님이 다른 학생과 즐거워하는 모습을 보기 싫은 것이다. 언젠가 한 들꽃이 "선생님은 우리 학교에서 누가 제일 좋아요?" 하고 물었다. 나는 왠지 답이 정해져 있는 질문 같아서 바로 답했다. "네가 제일 좋아." 그랬더니 세상 의아하다는 표정으로 그럼 왜 다른 친구들이랑 노는지를 되물어서 당황했다. 들꽃들의 마음에 좀 더 깊숙이 들어가 살펴보면 질투보다 자존심이 작동하고 있다. 작은 학교 특성상 학생들은 서로 몇 학년인지, 이름이 뭔지, 형제자매가 있는지를 안다. 물론 누가 특수학급 학생인지도 다 안다. 그래도 들꽃은 자신이 특수학급 학생이라는 것을 친구들에게 들키고 싶지 않은 것이다. 특히 경도 장애 학생이라면 더욱 그렇다. 한때 은영이는 교실 창문만 열어도 친구들이 볼까 봐 싫다며 책장 밑에 들어가서 안 나왔다. 은영이와 수업할 때는 한여름에도 어쩔 수 없이 교실 창문을 꼭꼭 닫았다. 어쩌다 부끄럽다는 생각이 자리 잡았는지 몰라도, 특수학급은 뭔가 '조금' 다르다는 걸 알아 버린 것이다.

어떻게 하는 것이 최선일지 고민된다. 분명 특수교육이 필요해서 특수학급에 온 학생이 특수학급에 소속된 것을 부끄러워한다고 교육을 안 할 수도 없는 노릇이다. 그럼 학생들의 학교생활 적응을 돕는 위wee 센터나 기초 학습 강사 제도 등을 통해 교육하면 되지 않느냐 하겠지만, 특수교육 대상자는 학습만이 아니라 일상생활과 사회성 등 여러 방면에서 지원이 필요하기에 위 센터나 기초 학습 강사 제도만으로 충분하지 않다. 장애인이든 비장애인이든 평균주의에 맞춘 교육보다는 개별 학생의 학습 수준을 수용한 교육을 하면 좋겠는데, 지금의 대학 입시 제도가 달라지지 않는 한 우리나라에서 이런 이상을 실현하기는 어렵다. 그나마 유·초등학교에서는 통합교육을 실행할 수 있는 여건이 되지만, 본격적으로 대학 입시를 준비하는 중학교만 가도 특수교육 대상자들은 애물단지나 꿔다 놓은 보릿자루 취급을 받기 일쑤다.

통합교육의 내실화가 이루어지려야 이루어질 수 없는 것이다.

어쨌든 이런 일을 몇 차례 겪은 뒤 교실 밖에선 들꽃들에게 내가 먼저 말을 걸지 않는다. 어쩌다 들꽃들이 먼저 다가와서 말을 걸어 주면 고맙고, 그러지 않으면 나도 그들을 곁눈질로 지켜보며 마음으로 응원할 뿐이다. 내가 들꽃들의 마음을 존중하고 이해하며 사랑하는 방법이다. 이 방법이 옳은지 아직 확신은 못 한다. 다만 들꽃들이 원하는 대로 하고 싶다. 상처 주고 싶지 않다. 교육적 지원이 필요할 때 바로 개입하는 것도 좋은 방법이지만, 일단 친구들이 있을 땐 모르는 척하고 특수학급에 왔을 때 가르치는 것도 나쁜 방법은 아니라고 생각한다. 특수학급 학생인 것을 들키고 싶지 않은데, 내가 말을 걸어서 마음 상하면 좋은 관계 맺음이 안 될 것 같다. 내가 아는 척하지 않을 때 가끔 먼저 아는 척을 하거나 눈으로 웃음을 보내기도 하는 걸 보면 들꽃들이 내 마음을 아는 듯하다.

운동회 다음 날이면 들꽃들이 분명 다시 선생님 껌딱지가 되어 물을 것이다.

"선생님, 어제 저 달리기 하는 거 봤어요? 잘하죠?"

껌딱지들 얼굴을 마주하며 내 고민은 깊어질 것이다. 어떻게 하면 너희들의 색깔이 조금도 그늘지거나 바래지 않고 그대로 인정받을 수 있을까?

명랑운동회

발령장 잉크도 채 마르지 않은 핏덩이가 손에 쥔 것 하나 없이 교실에 던져졌다. 신규 임용 교사 연수에서 3월이 가장 바쁘다고 분명히(!) 들었는데, 도대체 뭘 해야 할지 몰라 바쁘지 않았다. 결국 연수 때 뵌 선생님께 메신저로 쪽지를 보냈다.

"안녕하세요? ○○초등학교 주효림입니다. 신규 연수 때 선생님께서 잘 가르쳐 주셨는데, 고맙다는 말씀을 못 드린 것 같아서 쪽지 드립니다. 고마웠습니다. 앞으로 잘 부탁드립니다."

진짜 하고 싶은 말은 꺼내지도 못한 쪽지였다. 그런데 바로 답장이 왔다.

"쪽지가 참 빨리도 왔네. 전화 주세요."

떨리는 손으로 번호를 눌렀다. 곧 선배 선생님의 목소리가 들렸다.

"같은 지역에서 일하게 돼 좋네요. 안 그래도 연수 때 초롱초롱하던 눈빛 기억하고 있어요. 다들 바쁜 3월이라고 했는데, 뭘 해야 할지 몰라서 쪽지 보냈죠? 언제 연락 오나, 기다렸어요."

선배는 선배다. 내가 보낸 쪽지 행간에 꼭꼭 숨긴 마음을 귀신같이 읽어 냈다. 그리고 뭘 해야 하는지 세세히 가르쳐 주셨다. 이렇게 선배 선생님들과 연을 맺었다.

교사가 되고 처음 맞이하는 여름방학 첫날, 풍경 좋고 한적한 카페에서 나한테 물린 선배 특수교사들과 일을 꾸몄다. 우리 학생들이 즐길 수 있는 체육대회를 열어 보자는 것이다. 물론 학교마다 근로자의 날이나 어린이날에 체육대회를 한다. 그러나 우리 학생들이 그 행사에 제대로 참여하기란 쉽지 않다. 협력과 재미를 중심에 두고 레크리에이션 같은 체육대회를 하는 학교가 드물게 있고, 보통은 청군과 백군으로 나누어 어느 쪽이 이기는지가 중요한 '경쟁'이 주가 되는 경기를 한다. 이런 행사에는 우리 아이들을 반 대표 선수로 뽑아 주지 않을뿐더러, 어쩌다 뽑힌다고 해도 특수교사나 담임교사가 학생을 지원해야 참여할 수 있다. 결국 모두가 즐거운 날에 마음껏 슬길 수 없는 우리 아이들을 위해 선배 선생님이 제안했다. "우리 아이들이 주인공인 체육대회를 열어 보자!"

우리가 계획한 체육대회의 목적은 모든 아이가 자기 나름대로 즐겁게 경기에 참여하는 것이다. '고깔에 공 맞추기' 경기를 예로 들면, 일단 크기가 다른 공 두 개를 준비한다. 공을 찰 수 있는 거리도 여러 단계로 나누어 놓는다. 그럼 아이는 자신이 원하는 공을 고르고 원하는 거리에서 차는 것이다. 큰 공으로 아주 가까이에서 차도 고깔을 못 맞추기도 하고, 작은 공으로 아주 멀리에서 차도 고깔을 맞추는 경우도 있다. 결과가 어떻든 서로 잘했다고 박수를 친다. 저 스스로 참여 방법을 선택해선지 아이도 결과에 연연하지 않고 경기를 즐기는 모습을 보인다.

체육대회를 하다 보면 웃음 터지는 일이 한두 가지가 아니다. 여러 학교 아이들을 장애와 활동 수준 등을 고려해 노란 팀과 빨간 팀으로 나누고, 미리 준비한 노란 조끼와 빨간 조끼를 입힌 뒤 각 팀의 주장까지 뽑았다.

"여기는 무슨 팀인가요?"

"빨간 팀입니다!"

"네, 그럼 여기는 무슨 팀이죠?"

"파란 팀입니다!"

"지금 입은 조끼 색이 뭐죠?"

"노란색입니다."

"그럼 여기는 무슨 팀이에요?"

"파란 팀입니다!"

몇 번을 물어도 노란색 조끼를 입은 채 제가 좋아하는 색을 따라 파란 팀이라고 대답하는 뚝심 있는 주장 덕에 선생님들은 배꼽을 잡는다. 더 웃긴 건 노란 팀 (아니, 파란 팀) 가운데 함께 웃는 아이가 없다는 사실이다. '선생님들이 왜 웃는지 모르겠다'는 능청맞은 표정들 덕분에 더 웃음이 났다. 아무래도 노란 팀은 사전에 파란 팀을 하기로 했나 보다.

아침 일찍 모여 경기를 세 가지 정도 하고 나면 점심시간이 된다. 기가 막힌 배꼽시계를 가진 아이들은 평소 점심 먹는 시간에서 겨우 5분만 지나도 언제 밥을 먹느냐고 성화를 부린다. 신나게 뛰어놀고 목이 터져라 응원까지 하니 밥이 더 잘 들어간다. 어른이나 아이나 밥 배와 간식 배가 따로 있다. 밥을 후딱 먹은 아이들이 집에서 가져온 과자 봉지를 뜯어 선생님 한 개, 우리 학교 친구 한 개, 옆 학교 친구 한 개 나누어 주며 과자를 먹는다. 그러다 보면 내가 가져온 과자는 한 가지라도 여러 가지 과자를 맛보게 된다. 마음 따뜻한 우리 아이들 덕분이다.

밥에 간식까지 먹고 나면 요즘 유행하는 레트로 게임, 대망의 보물찾기 시간이다. 오전에 강당에서 경기가 무르익는 동안 보물찾기를 맡은 선생님은 곳곳에 보물을 숨겨 둔다. 아이들이 풀숲을 신나게 뛰어다니면서 보물 종이를 찾는다. 체육대회를 여러 번 경험한 선배 아이들은 보물 종이를 곧잘 찾는 편이다. 눈앞에 종이를 두고도 그냥 지나쳐 버리는 아이들은 선생님들이 손을 잡아 슬쩍 보물 종이에 올려 준다. 그럼 제가 찾아야 할 종이인 걸 알고 냉큼 주워 주머니에 꼭꼭 잘도 넣는다. 보물찾기에서 초능력을 발휘하는 아이도 있다. '꽝'이 적힌 종이를 발견하면 "에이, 뭐야!" 하고 종이를 내던지는 것이다. 교실에서는 한글을 못 읽던 아이가 어떻게 '꽝'을 읽었는지 신통방통할 따름이다.

보물은 각 학교에서 학생 수만큼 준비한 1만 원 미만의 선물이다. 모든 아이에게 선물이 돌아가니까 마음 졸이지 않아도 되는데, 아이들은 진행을 맡은 선생님이 제 보물 종이와 똑같은 종이를 뽑아 주길 목이 빠지게 기다린다. 현장에서 느껴지는 긴장감이 로또 마지막 번호 발표 직전과 같다. 그 긴장감을 참지 못하고 앞으로 뛰어나오는 아이들이 있을 정도다.

모든 아이가 선물을 받고 나면 단체 사진을 찍는다. 실은 그 어느 때보다 이 순간이 가장 힘들다. 경기를 즐겁게 치르고 밥이랑 간식을 든든하게 먹은 데다 가슴팍에 커다란 선물까지 들고 있으니, "얘들아, 여기 봐." 하고 목이 터져라 외치는 선생님의 간절한 부탁이 아이들에게 들릴 리 없다. 그래도 괜찮다. 아이들이 카메라를 보지 않아도 괜찮다. 선물 포장을 이미 다 풀어 버렸어도 괜찮다. 잘근잘근 씹은 팀 조끼 앞섶이 침으로 축축해져도 괜찮다. 왜냐면 우리는 다 존재 자체만으로도 충분히 소중하기 때문이다.

한편으로는 이런 생각도 든다. 선생님들이 준비한 행사를 이토록 기쁘고 즐겁게 참여하는 고객이 또 있을까? 해마다 비슷한 게임과 프로그램으로 진행하지만 마치 체육대회가 처음인 것처럼 참여하는 고객이 또 있을까? 이 훌륭한 고객님들 덕분에 몇 년간 계속 우리 모두가 주인공인 체육대회를 대성황 속에 열었다. 그런데 2020년……. 우리가 이 즐거운 체육대회를 열지 못했다. 갑자기 닥친 코로나19 사태가 문제였다. 새로 옮긴 학교에서도 우리 아이들이 신나게 체육대회를 즐기는 모습을 보고 싶었기 때문에 아쉬움이 컸다. 그립다. 마스크 없이 서로 어깨동무하며 목이 터져라 응원하던, 마스크 없이 공을 주고받던, 마스크 없이 누리던 평범하고 작은 일상이.

"민호랑 같은 반 되고 싶어요."

　　민호가 이틀에 한 번꼴로 도전 행동(자신이나 타인에게 해를 가하는 행동, 사회적으로 곤란하다고 인식되는 행동을 말한다.)을 보이던 어느 날, 덩치가 좋아 나보다 힘이 센 아이가 감정을 주체하지 못해 울화 행동을 보이며 책상과 교실 문을 부쉈다. 나를 발로 차고 머리카락을 잡아당기며 주먹으로 때렸다. 차분히 달래 보고, 언성을 높여도 보았지만 민호의 도전 행동이 쉬 멈추지 않았다. 두 시간 만에 겨우 진정된 민호를 통합학급에 보낸 뒤 운동장을 보면서 울었다. 내가 지쳐가고 있었다. 진정된 듯하던 민호는 통합학급에 가서도 소리를 지르며 도전 행동을 보였고, 결국 친구를 때려서 다시 특수학급으로 왔다.

장애가 있는 친구를 진정한 친구로 받아들이기란 쉽지 않다. 장애를 이유로 괴롭히는 아이가 있나 하면, 아예 관심을 주지 않는 아이도 있다. 반면에, 지우처럼 정말 친구가 되는 마음 따뜻한 아이도 있다. 지우는 장애인 친구를 편견 없이 대해 고마운 아이다.

도전 행동 때문에 민호가 특수학급으로 온 날, 점심을 먹고 급식실을 나서려는데 지우가 민호를 따라나섰다.

"지우야, 선생님이 대신 사과할게. 민호가 때려서 많이 놀라고 아프고 속상했지?"

"네, 그런데 괜찮아요. 오늘 민호가 기분이 많이 안 좋았나 봐요."

그러더니 주머니에서 민호가 제일 좋아하는 젤리를 꺼내며 말했다.

"민호야, 오늘 기분이 많이 안 좋았어? 이거 먹고 내일은 기분이 괜찮으면 좋겠다. 알겠지?"

지우의 마음을 아는지 모르는지 민호는 그 자리에서 젤리를 홀랑 까먹었다. 지우의 예쁘고 고마운 마음에 지쳐 있던 나까지 사르르 녹는 듯했다.

자폐성 장애가 있는 민호는 감각을 조절하려고 가끔 소리를 지르거나 손뼉을 치며 교실에서 방방 뛰었다. 수업에 흥미가 없거나 청각 자극이 필요할 땐 의자를 넘어뜨리거나 유튜브에서 본 내용을 늠임없이 말했다. 그뿐 아니라 통제받는 것을 싫어해서 화가 나면 책상을 엎고 친구나 선생님을 때리기도 했다. 여러 도전 행동 때문에 내가 콕 집어 주목하는 학생이다. 민호가 특수학급에 있을 때는 내 울타리 안이라 도전 행동을 해도 지도할 수 있는데, 통합학급에 있을 때가 걱정이다. 학교에 특수교육 보조 인력이 있지만, 스스로 신변처리를 하기 어렵고 이동에 어려움이 있는 다른 학생을 지원해야 해서 민호는 혼자 통합학급에 가는 날도 많았다.

지우는 민호와 같은 반 여자아이다. 처음에는 민호를 무서워했다. 민호가 가까이 가면 한걸음에 도망가 거리를 두었다. 민호가 교실에서 방방 뛸 때면 이상하다고 여기며 힐끔힐끔 쳐다보았다. 그런 반응이 어쩌면 당연하다. 많은 사람이 장애인에, 특히 장애인의 돌발 행동과 도전 행동에 익숙하지 않기 때문이다. 민호를 무서워하거나 이상하다고 보는 지우를 나무랄 수 없었고, 나무라는 것도 이상했다. 민호가 통합학급에서 잘하고 있는지 가끔 보러 가서 지우와 눈이 마주치면 마음을 담아 방긋 웃기만 했다. 그런데 지우가 조금씩 민호를 바로 보기 시작했다. 힐끔거리며 보던 친구를 바로 본다는 건 아주 크고도 의미 있는 변화의 시작이다.

어느 날 지우가 용기 내서 나한테 말을 걸었다.

"선생님, 오늘 민호가 수업 시간에 '이번 생은 망했다'고 해서 너무 웃겼어요. 어디서 그런 말을 들었나 봐요."

"진짜? 민호가 그런 말을 했어? 그런 드라마 제목이 있는데, 유튜브에서 봤나? 민호가 그런 말을 했다니 정말 웃긴다, 그렇지?"

"네, 저도 막 웃었어요. 그런데 선생님, 민호는 왜 자꾸 혼잣말을 해요?"

"민호는 누구랑 말하고 싶을 때 혼잣말을 하기도 하고, 어떤 장면이나 상황이 떠오르면 그때 들은 말도 하는 거야. 그리고 심심할 때 소리를 듣고 싶어서 혼잣말을 하기도 해. 민호가 혼잣말을 하는 이유는 그때그때 다 달라. 그런데 민호가 혼잣말을 할 때 지우가 가서 말을 걸어 봐. 그럼 민호가 대답해 줄지도 몰라."

"그래요? 그럼 내일은 민호한테 말 걸어 볼래요."

이날부터 지우는 민호에게 부쩍 관심이 많아졌다. 가끔 민호의 돌발 행동에 흠칫 놀라기는 해도 전처럼 힐끔거리거나 멀리 도망가지는 않았다. 조금씩 민호를 친구로 받아들이는 모습이 정말 사랑스럽고 예뻤다. 민호가 좋아하는 젤리를 선물로 주기도 하고, 급식 시간에 민호랑 밥을 먹고 싶다고도 했다. 조금씩 조금씩 민호에게 가까워지는 모습을 보면서 대견하기도 하고 참 고맙기도 했다.

그러던 어느 날 이유는 정확히 기억나지 않는데, 민호의 돌발 행동이 시작되었다. 교실에서 방방 뛰면서 내 다리를 잡고 늘어졌다.

"안 돼. 지금 공부 시간이야. 바르게 앉아요."

내가 단호해서 더 화난 민호가 교실 문을 박차고 나갔다. 하지만 민호가 갈 만한 곳이 뻔해서 따라가지 않았다. 따라가면 민호가 잡기 놀이인 줄 알고 신나서 더 멀리 도망가기 때문이었다. 역시 조금 있다 민호는 교실로 돌아왔다. 그리고 말했다.

"우리 지우한테 갈까?"

민호의 돌발 행동에 몸과 마음이 지쳐 있던 나는 그 순간 삐져나오는 웃음을 삼키느라 힘들었다.

경축! 민호가 지우를 친구로 인식했다. 이날 특수학급에서 생긴 일을 점심시간에 만난 지우에게 이야기했다. 민호가 자기 이름을 기억하고 불러 줬다는 것을 알고 지우는 날아갈 듯 뛰면서 정말 좋아했다. 지우만 일방통행으로 민호와 친구가 되고 싶은 게 아니었다. 이날부터 지우는 민호 손도 잡고, 쉬는 시간이면 같이 놀았다. 민호랑 함께하고 싶어서 민호가 뭘 좋아하며 어떻게 하면 더 재미있게 놀 수 있는지 묻느라 하루걸러 한 번씩은 나를 찾아왔다. 민호의 특수학급 수업이 끝날 때면 쏜살같이 교실 문 앞에 와서 기다리기도 했다. 민호도 그런 지우를 좋아했고, 나한테 혼날 때면 마치 듣기 싫다는 듯 '지우한테 가자'고 마음을 표현했다.

지우는 나중에 크면 특수교사가 되고 싶다고 했다. 지우를 보면서 큰 힘과 위안을 얻지 않을 수 없다. 3D펜으로 내 얼굴을 그려 넣은 열쇠고리를 주기도 하고, 고사리손으로 마음을 꾹꾹 담아 쓴 편지와 그림을 부끄러운 듯 건네주기도 했다. 일반 교사라면 이런 선물이 흔할지 몰라도 특수교사에게는 하나하나가 참 눈물 나게 귀하고 힘이 된다. 그래서 난 지우가 준 선물들을 집에 고이고이 간직하고 있다. 지우의 예쁜 마음에 보답하고 싶어서, 학년을 마칠 때마다 특수학급 1년 살이를 마무리하기 위해 발간하는 장애 공감 신문에 지우가 그려 준 그림을 싣기도 했다.

학년을 마무리하기 한 달 전부터 지우는 나만 보면 하는 말이 있었다.

"선생님, 저 5학년 때도 민호랑 같은 반 하고 싶어요."

"선생님도 지우랑 민호가 같은 반 되고 좋은 친구 계~속 하면 좋겠다."

지우는 매일같이 민호랑 같은 반이 되고 싶다고 노래를 불렀다. 그리고 4학년을 마무리하는 날이 되었다. 민호를 지원하던 특수교육 지도사(전북에서는 특수교육 보조 인력을 지도사라 칭한다.)를 통해 지우의 편지를 받았다.

"선생님, 저 민호랑 같은 반 됐어요! 너무 행복해요. 선생님도 방학 잘 보내시고 개학 날 만나요."

통합학급에 가면 주로 혼자 노는 들꽃들을 보면서 어떻게 하면 장애 학생과 비장애 학생이 친구가 될 수 있을까를 고민하던 때가 있다. 그런데 서로에게 좋은 친구가 되어 주는 지우와 민호를 보니, 그렇게 고민하던 지난날이 참 우습게 느껴졌다. 아이들에게는 누구와도 친구가 될 수 있는 따뜻한 마음이 있다. 그 마음이 전달된다면 누구와도 친구가 될 수 있다. 다만 '다름'이라는 편견의 벽을 넘어 친구로 한 걸음 더 가까워질 수 있도록 교사가 마련해 주는 마중물이 중요할 것이다. 지우와 민호의 5학년 생활을 응원한다!

2부
우리가
함께 웃던 시간

어른이 된 지금 나는 '나에게도 들꽃들처럼 어린 시절이
있었다'는 사실을 종종 잊고 산다. 들꽃들과 함께하는
하루하루 덕분에 바쁜 삶 속에서 종종 아이들에게서만 볼 수 있는
맑음과 선함을 느낀다. 순수했던 어린 시절의 나를 만나는 것
같아 웃을 일이 많아진다. 물론 웃는 날 사이사이 지칠 대로
지쳐서 아무것도 하고 싶지 않은 날이 있는 것도 사실이다.
"너한테는 사람들이 말썽꾸러기라고 생각할 수 있는 면이
여러 가지로 많지만, 사실 네 성격은 밝고 아주 착하지.
교장 선생님은 그걸 잘 알고 있단다."
『창가의 토토』에서 도모에 학원의 고바야시 선생님이
한 말이다. 말썽꾸러기 같은 그러나 사실은 티 없이 맑고
꾸밈없는 들꽃들과 함께한 이야기를 해 보려고 한다.

훈련의 기술

꽃이 흐드러지게 핀 어느 봄날에 들꽃들과 딸기 따기 체험 학습을 갔다. 체험 학습 장소에는 토끼, 닭, 개, 고양이 등 시골집 마당에서 볼 수 있는 동물들이 많았다. 딸기를 따러 갔는데 기대하지 않은 동물들이 있으니 들꽃들은 더 신나 보였다. 버스에서 내리자마자 동물들을 향해 돌진했다. 대답도 없고 관심도 없는 동물들 뒤를 졸졸 따라다니는 들꽃들 모습에 나도 모르게 엄마 미소가 지어졌다.

은선이는 동물을 참 좋아하지만 키워 본 적은 없다. 그런데도 자기소개를 할 때면 자기가 키우고 있다며 동물 이름 두세 가지를 꼭 말한다. 동물들과 지내면서 겪었다는 일을 가끔 덧붙이기도 한다. 나는 은선이가 동물을 아주 좋아해서 그러려니 하며 앞으로 키울 동물인가 보다 하고 그냥 모른 척했다. 내가 속아 주는데, 혹여나 거짓말이 들통날까 봐 두근거리는 마음을 감추지 못하는 은선이는 참 티 없이 맑아서 사랑스럽다. 은선이가 가장 좋아하는 동물은 토끼, 그다음은 강아지다. 언젠가 토끼와 강아지가 왜 좋으냐고 물었다. 은선이는 내 물음이 어리석게 느껴졌는지 나한테 큰 소리로 한방 먹였다.

"선생님은 토끼랑 강아지가 얼마나 귀여운지 몰라요? 한 번도 안 키워 봤어요?"

더 물었다간 곧 싸울 기세로 말이다. 실은 내 질문에 더 대꾸하다가 거짓말이 들통날까 봐 겁이 난 모양이다.

"까미야, 우리 까미."

버스에서 내리자마자 검은색 토끼에게 가장 먼저 달려가는 은선이. 평소에는 사납고 앙칼진 목소리지만, 토끼를 부를 때는 세상 다정하다. 계속 듣고 있으면 내가 까미가 되어 애교를 부리고 싶어지는 마력이 있는 목소리다. 또 동물 이름을 어찌나 잘 짓는지, 처음 본 토끼한테 어울리는 이름을 붙이는 솜씨가 대단하다. 그래도 왜 이름이 '까미'냐고, 짓궂게 물었다. 오래전부터 까미인데, 선생님은 그런 것도 모르냐면서 핀잔준다. 아무래도 나는 은선이의 먹이사슬에서 저 아래, 바닥을 뚫고 지하 깊숙한 곳에 있는 것 같다.

"우리 까니 배고팠지. 언니가 밥 줄게. 이거 먹어 봐."

금세 어디서 뜯어 왔는지 토끼장 틈으로 풀을 넣어 준

다. 마치 토끼 주인처럼 말이다. 그러더니 토끼한테 뛰어 보라고 시킨다. 역시 마력 있는 달콤한 목소리로.

"까미야, 뛰어! 뛰어 봐. 착하지~."

사람이 뭐라 하건 토끼는 먹느라 정신이 없다. 당연하게도 밥 한번 줬다고 하라는 대로 순순히 따를 토끼가 아니다. 은선이는 목소리를 점점 높여 가며 뛰어 보라지만, 토끼는 듣기 싫다는 듯 등을 돌린 채 풀만 먹었다. 토끼가 말을 듣지 않아서 토라졌는지, 은선이가 실망한 기색을 감추고 밥을 다 먹으면 다시 오겠다는 약속을 남기고 토끼장에서 돌아섰다.

은선이가 그다음에는 강아지가 있는 곳을 찾았다. 강아지의 목에는 줄이 묶여 있었다. 사람이 반가웠는지 꼬리를 세차게 흔드는 강아지를 보는 은선이의 표정이 순식간에 환해졌다. 말 안 듣는 토끼에게 실망한 마음이 다 풀린 듯 말이다. 제일 좋아하는 동물인 토끼 앞에서 면목 없던 일을 만회하려는 듯 강아지가 자신을 좋아해서 꼬리를 흔든다며 자랑했다.

"만두야, 안녕."

'까미'에 이어 '만두'라는 작명 신공을 선보였다. 도대체 왜 '만두'인지, 강아지를 이리저리 봤지만 도통 알 수 없었다. 은선이에게 왜 이름이 '만두'냐고 물어볼까 싶었지만 또 핀잔을 들을까 봐 꾹 참고 지켜보았다.

드디어 은선이가 강아지 훈련에 나섰다. 강아지 훈련하

는 걸 어디서 봤는지, 까미를 부르던 다정한 목소리는 온데 간데없다. 정말 훈련사들이 낼 법한 짧고 단호한 목소리였다.

"만두, 앉아! 만두~, 앉아!"

역시나 강아지는 말을 듣지 않았다. 은선이의 나풀거리는 손짓에 더 흥분한 만두(?)가 세차게 꼬리를 흔들며 뱅글뱅글 뛰었다. 그래도 포기하지 않고 집념 있게 훈련하는 아이의 모습이 귀여워서 잠깐 눈이 마주쳤을 때 엄지를 치켜세워 보였다. 칭찬에 어깨가 더 으쓱해졌는지 뭔가 보여 주겠다는 불타는 눈빛으로 한층 더 단호하고 무서운 목소리로 강아지를 훈련하기 시작했다.

"만두, 앉아!"

그때였다. 우연인지 아니면 진짜로 용케 알아들었는지 몰라도, 은선이의 손짓에 따라 강아지가 앉았다. 본인도 신기하고 놀랐는지 나를 보고 환하게 웃더니 이내 이성을 찾고 다시 훈련사 모드로 돌변했다. 어쩌다 성공한 게 아니라 원래 강아지를 잘 훈련하는 사람이라고 뽐내려는 것 같았다. 명령대로 앉아서 기다리던 강아지가 예쁜 눈으로 은선이를 바라보았다. 은선이도 자기 명령에 따라 준 강아지를 사랑스럽게 바라보았다. 그때였다.

"옳~지! 잘했어, 우리 초코."

흑, 뭐야? 그 순간 웃음을 뿜을 뻔한 나는 재빨리 손으로 입을 막았나. 1분도 채 되지 않아 '만두'가 '초코'가 되었다. 강아지도 이 상황이 아리송한지 꼬리로 왼쪽 바닥과 오른쪽 바닥을 번갈아 치며 먼지바람을 일으켰다. 강아지의 정체성에 대혼란이 오는 순간이었다. 웃음을 꾹꾹 참고 물었다.

"은선아, 아까는 만두였는데 지금은 왜 초코야?"

"아, 원래 만두도 되고 초코도 돼요. 제가 좋아하는 음식이에요."

선생님의 질문에 적잖이 당황한 듯했지만 임기응변을 발휘해 능청스럽게 대답하는 모습에 다시 한 번 웃음을 참기가 힘들었다.

그래, 만두면 어떠하고 초코면 어떠하랴? 선생님의 눈에는 말 안 듣는 토끼도, 말 잘 듣는 강아지도, 그리고 누구보다 은선이 너도 다 사랑스러운 걸⋯⋯. 지금처럼 동물과 자연을 사랑하는 넓은 마음의 어른으로 자라나길 바란다.

자기결정력

1교시부터 6교시까지 수업이 꽉꽉 찬 날이 있다. 이런 날을 앞둔 밤에는 일부러 잠자리에 빨리 든다. 평소보다 아침 식사도 더 든든하게, 마음도 더 단단하게 먹고 출근한다. 출근해서 책상 위 컴퓨터 모니터에 붙여 둔 작은 메모지를 눈으로 두세 번 읽는다. 첫째, 칭찬으로 아침 열기. 둘째, 행동보다 감정에 집중하기. 셋째, 사랑한다 말하기. 넷째, 감사함으로 마무리하기. 아무도 들을 수 없지만 마음속에서 우레와 같은 함성으로 파이팅을 외치는 것도 잊지 않는다. 작은 메모지에는 '교사가 되면서 나 스스로와 한 약속'이 적혀 있다. 마치 전쟁에 나가는 병사가 된 기분이다. 이렇게까지 하는 건 정신 차리지 않으면 들꽃들에게 쉽게 상처를 줄 수 있

2부   우리가 함께
        웃던 시간   73

기 때문이다. 육체적으로 지치면 작은 일에도 쉽게 화낸다는 걸 나 스스로 잘 알기 때문이다. 그래서 수업이 많은 날에는 특별히 의식적으로 정신을 차려야 넓은 마음으로 들꽃들을 대할 수 있다.

수철이는 쉬는 시간을 애타게 기다리는 '쉬는 시간 바라기'다. 엉덩이를 의자에 반쯤 걸고 다리를 덜덜 떨기 시작하면 쉬는 시간이 가까워졌다는 뜻이다. 교실 밖으로 당장이라도 튀어 나갈 기세다. 아직 시곗바늘 보는 법을 완벽하게 익히지 못해 시간을 읽을 수는 없지만, 꼬르륵 배꼽시계처럼 '쉬는 시간 시계'가 몸 어딘가에 달린 것 같다. 쉬는 시간 대부분을 교실 밖에서 보내는 수철이는 땀이 주룩주룩 흐르도록 뛰어논다. 한여름은 물론이고 한겨울에도 땀이 날 정도로 뛰어노는 지경이니 쉬는 시간 사랑이 얼마나 대단한지 알 수 있다. 꼭 신나게 뛰어놀다 수업 종이 울리면 화장실에 가고 물을 마시고 나서 어슬렁어슬렁 늦게 들어왔다. 6학년 졸업할 때까지도 변함없이 수업 종이 울려야 화장실에 가고 물을 마셨는데, 그래도 조금 컸다고 헐레벌떡 뛰어오는 시늉을 하며 잊지 않고 "늦어서 죄송합니다."라고 말했다. "이놈! 종 치기 전에 들어와!" 으름장을 놓을 때도 있지만, 쉬는 시간 10분이 한창 뛰어놀 나이인 들꽃들에게는 얼마나 짧은지 알기에 눈감아 주는 날이 대부분이다.

정신을 단단히 차려야 하는 어느 날이었다. 수업 시작을 알리는 종이 울리고 5분이나 지났는데도 수철이가 교실에 들어오지 않았다. 평소에 2, 3분씩 늦긴 해도 5분이나 늦은 적은 없어서 슬슬 걱정이 됐다. 운동장에서 노는지 보려고 창문 밖으로 몸을 반쯤 내밀어 봤지만 개미 한 마리도 보이지 않았다. 물을 마시고 있나 싶어 정수기 앞에 가 봤지만 역시나 보이지 않았다. 볼일을 보나 싶어서 화장실로 갔다. 남자 화장실 문을 빼꼼히 열고 애타게 이름을 불렀지만 인기척이 없었다.

당시 학교는 주변이 다 논이었다. 학교 밖에 나가도 마땅히 갈 데가 없고, 탁 트인 평지라 교실에서도 저 멀리 있는 사람이 다 보인다. 게다가 수철이는 겁이 많고, 선생님의 허락 없이 학교 밖에 나갈 아이가 아니다. 분명히 학교에 있는 것 같은데, 보이질 않으니 애가 탔다. 나는 다시 교실로 돌아왔다. 수철이와 달리 교실에서 노는 걸 좋아하는 은선이가 종이접기를 계속 하고 있었다. 종이접기를 하다 나랑 눈이 마주치니 배시시 웃었다. 내 속도 모르고, 수업 종 쳤으니 하던 것 정리하라는 말을 듣지 않아 신이 난 모양이다. 수업이 시작된 후라 죄송했지만 수철이 담임선생님께 전화해 보려고 수화기를 들었다. 그때였다.

"똑똑 똑똑똑."

어, 이 소리는! 붉은악마가 '대한민국'을 외치고 난 뒤 치는 다섯 번의 박수와 같은 노크 소리다. 수철이가 평소에 좋아하는 소리. 막 든 수화기를 내려놓고 교실 문을 열었다. 하지만 아무도 보이지 않았다. 혹시나 해서 문 뒤쪽을 보니 애타게 기다리던 아이가 어색하게 웃으며 서 있었다.

"허허, 늦어서 죄송합니다."

제법 굵어진 목소리로 겸연쩍게 웃는 아이를 보자 마음이 가라앉았다.

"이놈, 늦었으면 빨리 들어와야지! 갑자기 웬 노크야. 어디 갔나 걱정했구먼! 얼른 들어와!"

"할 말이 있는데……."

"무슨 말!"

무사히 돌아왔다는 안도감에 무심결에 큰소리를 냈다.

"영화 볼래요."

처음에는 갑자기 무슨 뚱딴지같은 소리인가 하다 '아차!' 했다. 통합학급에서 학급 보상으로 애니메이션을 보기로 한 날, 바로 그날이었다. 그러고 보니 수철이 담임선생님이 수요일 4교시에 학급 영화 관람을 한다고 일러 준 것도 생각났다. 내가 깜빡한 것이다.

"갑자기 그게 무슨 말이야? 네가 하고 싶은 말을 정확히 전달해야지. 다시 말해 봐."

겸연쩍어진 내가 괜히 큰소리를 내 보았다. 담임선생님하고 내가 이야기 나눈 걸 꿈에도 모르는 수철이는 어떻게든 나를 설득해 영화를 보겠다는 불타는 마음이 들었는지 입술에 침을 바르고 꿀꺽 침을 삼켰다. 게다가 어떻게 말하면 잘 설득할 수 있을지 아는 듯 급하지 않은 말투에 빙그레 웃기까지 하면서 또박또박 말을 이어 갔다.

"오늘 우리 친구들 다 영화 봐요. 지금 영화 봐요. 만화예요. 저도 볼래요."

"아, 맞아! 나도 영화~."

같은 반인 은선이가 아주 재빠르게 색종이를 정리했다.

"그래, 가서 친구들이랑 영화 잘 봐! 점심도 잘 먹고."

"네. 선생님, 잘 쉬세요."

내 말이 채 끝나기도 전에 수철이가 교실 쪽으로 와다닥 뛰어갔다. 곧이어 색종이 정리를 마치고 나온 은선이도 좀 전까지 접고 있던 튤립을 내 손에 던지듯 쥐여 주더니 같이 가자고 소리 치며 와다닥 따라갔다. 신나게 뛰어가는 들꽃들의 뒤통수에 복도에서는 뛰지 말고 걸어가라고 기어코 잔소리를 한 뒤에야 자리에 와서 앉았다. 그 순간 들꽃들이 대견하다는 생각이 들었다. 욕구와 의사 표현이 명확해지고, 문제를 해결하려는 능동적인 태도가 참 예뻤다.

한동안 우리 사회는 장애인의 자기결정력을 경시했다. 자기결정이란, 삶의 주체가 자신임을 알고 의도가 있는 행동을 하는 것이다. 장애에 대한 사회적 인식이 조금씩 개선되고 인권 문제가 나타나면서 장애인의 자립과 삶의 질 향상에 자기결정력이 중요한 요소로 부각되기 시작했다. 지금은 자기결정력을 키우는 것이 장애 학생 교육에서 중요한 부분이되었다. 자기결정력이 한순간에 생기지는 않기 때문에 어릴석부터 스스로 선택, 의사 결정, 문제 해결, 자기 조절, 효능감 등에 관한 기술을 연습할 기회를 주며 가르치고 있다. 들꽃들이 원하는 것을 직접 선택하고, 선생님께 허락받겠다는 목표를 이루기 위해 문제를 해결해 나가는 것도 큰 틀에서 보면 자기결정 과정이다.

들꽃들이 잘 자라고 있는 듯해 뿌듯했던 그날, 수철이가 툭 던지듯 "선생님, 잘 쉬세요."라고 한 말이 은선이가 던지듯 내 손에 쥐어 준 색송이 튤립과 함께 마음을 자꾸 두드렸다. 그 전날 다녀온 숲 체험으로 피로가 쌓여 몸이 천근만근이던 터라 마침 쉬고 싶던 마음을 들켰나 싶었다. 그 말이 자꾸 마음을 맴돌며 나를 토닥토닥 두드리는 것 같았다. 내 노력을 읽어 준 것 같아 대견했다. 나도 모르게 울컥하며 눈물이 핑 돌았다. 무겁던 몸이 스르르 풀리는 것 같았다.

"수철아, 은선아! 선생님이 너희가 해 준 따뜻한 말 덕분에 참 뭉클하고 뿌듯했어. 고마워."

만만한 어른

나무들이 연초록빛으로 옷을 갈아입기 시작하는 봄이 되면 학교가 바빠진다. 점점 파랗게 물드는 하늘 아래, 겨우내 흙빛이던 잔디가 초록색으로 물들기 시작하면 마치 마음에도 봄이 오는 것 같다. 교문 옆에는 노란 개나리가 흐드러지게 피고, 교실 창문 아래로 길게 이어진 화단에는 분홍빛 꽃잔디와 형형색색의 팬지가 고개를 내민다. 봄기운을 마시고 싶어 창문을 활짝 열어 두면 봄바람이 솔솔 불어와 두 볼을 스치고 간다. 바람을 따라 들어온 봄의 소리는 마음을 즐겁게 한다. 참새들은 입 맞추어 노래하고, 학교 뒷집 갓 태어난 강아지들도 자기 소리를 낸다. 시간마다 지나가는 기차 소리는 어디론가 훌쩍 떠나고 싶게 만드는 경쾌함이 있다.

다른 교실도 봄을 맞아 창문을 활짝 열었는지, 수업 중인 선생님의 열정적인 목소리가 들린다. 아무개 혼나는 소리도 들리고, 아이들이 배꼽 잡고 웃는 소리와 또박또박 발표하는 소리도 들린다. '쿵 짝짝 쿵 짝짝' 박수와 노랫소리, 리코더로 불러 보는 동요 소리도 유난히 더 정답게 들리는 계절이 바로 봄이다.

가끔은 열린 창문으로 예기치 않은 손님이 들이닥치기도 한다. 바로 벌이다. 학교에는 꽃이 많아서 봄이 오면 유난히 벌이 많이 날아다닌다. 어느 봄날에 마침 '봄의 날씨 변화'에 대해서 공부하는데, 벌 한 마리가 교실로 날아들었다. 나하고 학구열을 불태우던 들꽃들의 분위기가 교실에 날아든 벌 한 마리 때문에 순식간에 반전했다. 벌에게 모든 관심을 빼앗긴 것이다.

"어, 어, 어! 선생님, 벌이다요."

"얘들아, 벌 엄청 크다! 조심해! 움직이면 쏘인다!!"

"자꾸 왜 내 머리 위로 오는 거야!"

상황이 긴박했다. 내 엄지만 한 꽤 큰 벌이었다. 벌을 본 들꽃들의 반응은 제각각이다.

먹을 것을 좋아하는 민준이는 벌이 꿀을 만든다면서, 꿀 먹고 싶다고 야단이다. 겁이 많은 은영이는 어느새 책상 밑으로 들어갔다. 제 몸보다 작은 책상 밑에 몸을 구겨 들어간 모습이 웃음을 자아냈다. 지현이는 더 가관이었다. 벌은 꽃을 좋아하고 쓰레기는 안 좋아한다며, 마치 순간 이동이라도 한 듯 교실 뒤 휴지통 옆에 붙어 있었다. 수철이는 학급에서 유일한 형으로서 권위를 지키려고 노력하는 중이었다. 그러나 움찔거리며 두 눈을 방울만 하게 뜬 걸 보면, 어지간히 겁을 먹은 듯했다.

나도 예외는 아니었다. 나 나름대로 선생님의 체통을 지키려고 자리에서 꼼짝 않고 있었지만, 사실 무척 겁을 먹었다. 얼어 버린 발은 살금살금 수납장 쪽으로 움직이고, 두 팔과 몸은 있는 힘껏 움츠렸다. 그리고 눈알을 최대한 빨리 굴리며 벌레 퇴치용 스프레이를 찾았다. 움직이면 쏜다고 아는 척했지만 사실은 들꽃들보다 내가 더 호들갑을 떨고 있었다. 만약 집이라면 슈퍼맨 같은 남편이 뚝딱 해결해 줬을 텐데, 교실에서는 내가 슈퍼우먼이 되어야 한다.

그런데 벌 때문에 벌어진 난리 통에 선비처럼 꼿꼿한 자세를 지키는 이가 있었으니……. 은선이였다. 벌이 들어오든 말든 상관없다는 듯 무심히 한 손으로 턱을 괸 채 학습 활동지 쓰기를 마무리하더니 연필을 필통에 넣으면서 말했다.

"가만히 있으면 안 물어."

호들갑을 떨고 있는 들꽃들과 나를 번갈아 보며 그 모습이 꽤나 우습다는 듯 피식피식 콧방귀까지 뀌었다. 은선이는 봄이 되면 개구리 잡고, 여름이 되면 보리수 열매를 따 먹는다. 가을이면 잠자리를 잡고, 겨울이면 추운 줄도 모르고 눈에서 뒹군다. 쥐도 무서워하지 않는다. 그렇다. 시골에서 나고 자란 토종 시골 소녀다. 그래서 벌 따위는 무섭지 않은 것이다.

"야, 네가 벌 좀 잡아."

들꽃들이 은선이한테 벌을 잡으라고 했다. 가만히 있으면 된다고 큰소리친 게 겨우 몇 분, 아니 몇 초 전인데 막상 벌을 잡기는 무서웠나 보다. 친구들의 아우성을 못 들은 척하며 갑자기 콧노래를 흥얼거렸다. 분위기에 안 어울리게 콧노래를 부르니 들꽃들이 더 약이 오른 표정이었다. 은선이의 반응이 영 시원찮으니 다들 선생인 나한테 벌 좀 잡으라고 난리다.

"너희는 만만한 게 선생님이지! 선생님도 벌은 무섭다고."

"그래도 선생님이니까 잡아야죠. 어린이가 잡아요?"

평소에는 친구 대하듯 하던 아이들이 이럴 땐 어른 대접을 어찌나 깍듯하게 하는지……. 휴! 내가 이 구역의 슈퍼우먼 아니던가? 어쩔 수 없이 벌을 잡기로 했다. 오른쪽 왼쪽 열심히 눈을 굴려 벌레 퇴치 스프레이를 찾아봤지만 보이지 않았다. 스프레이를 잘못 뿌렸다가 괴로워서 날뛰는 벌에 쏘일지도 모를 일이었다. 그래서 닥치는 대로 손에 잡힌 노트를 돌돌 말았다. 너무 떨려서 내 손도 돌돌, 내 마음도 돌돌 말리는 것 같았다. 때를 기다렸다. 교실을 휘젓고 다니던 왕벌이 마침 창틀에 앉았다.

'나비처럼 날아서 벌처럼 쏜다'고 마음속으로 읊조리며 심호흡을 하고……. 하나, 둘, 셋, 찰싹! 노트로 벌을 세게 내리쳤다. 아싸, 명중이다. 발라당 뒤집힌 벌이 남은 숨으로 발악하듯 다리를 깨작거렸다. 휴, 가슴을 쓸어내리며 통쾌해 했다. 늦었지만 지금이라도 벌이 무섭지 않다는 허세까지 부려 볼까 해서, 뒤집힌 벌을 돌돌 만 노트로 한 번 더 내리쳤다. 신나던 수업을 방해한 죄! 우리 모두를 놀라게 한 죄! 치명타에 확인 사살까지 당한 왕벌은 깨작거리던 발놀림을 멈췄다. 완전히 죽었다. 휴~.

"잡았다!"

"아, 내 노트에 벌 똥 묻었어!"

은영이와 지현이는 벌이 죽은 걸 확인한 뒤에야 책상 밑과 휴지통 옆에서 벗어났다. 바로 그때 들린 말이 있다.

"선생님은 잔인해. 무서운 여자야."

목소리의 주인공은 은영이였다. 다른 들꽃들도 한마디씩 거들기 시작했다. 나는 당황한 나머지 아무런 말도 나오지 않았다. 콧구멍이 벌렁거리고 실없는 웃음만 새어 나왔다. 적잖이 당황한 내 표정이 웃겼는지 들꽃들은 더 큰 소리로 신나게 앞다퉈 말했다.

"잔인해~."

"무서~워."

꼭 돌림노래를 만들자고 담합한 것 같았다. 자기들도 벌이 무서워서 도망갔으면서, 나한테 잡아 달라고 아우성쳤으면서……. 벌을 삽는 데 동의했어도 죽이는 것까진 동의하지 않았다는 듯 나를 몰아갔다.

"야, 너희가 벌 잡아 달라고 했잖아. 너희가 무서워해서 잡은 거잖아."

"죽이라고는 안 했잖아요~."

"어떻게 안 죽이고 잡아? 산 채로 잡으면, 선생님 손은 벌에 쏘여도 괜찮아? 너무하네."

"그건 선생님이 알아서 해야죠."

이건 뭐 순 억지다.

가끔 공공의 적이 필요한 순간이 있다. 공공의 적을 통해 내부 결속력을 다지는 것이다. 내가 벌을 죽인 순간이 바로 그런 경우다. 서운하다고 투덜대며 흥분한 내 모습이 재미있었는지, 아이들은 교실 문을 나설 때까지 "선생님은 잔인해. 선생님은 무서운 여자~."라고 즉흥곡을 만들어 불렀다. 비록 사랑하는 제자들에게 공공의 적이 되었지만 기분이 나쁘진 않았다.

한때 내가 열심히 하는 만큼 학생들이 더 많이 배우고 성장하리라고 생각했다. 그래서 잠을 줄여 가며 수업 준비를 했다. 열정을 다해 준비한 수업에 잘 따라오지 않으면 속이 상해 학생들을 다그쳤다. 수업 중 돌발상황이 벌어져도 어떻게든 준비한 수업을 다 마치려고 폭주하는 기관차처럼 달렸다. 그런데 하루만 지나도 학생들이 제자리로 돌아갔다. 하물며 방학은 말해 무엇하리. 그래서 내려놓기로 했다. 최선을 다해 준비하되 받아들이는 것은 학생들의 몫으로 두자고. 그러자 보였다, 수업에서 자기만의 희로애락을 느끼며 아이들이 조금씩 자라는 것이. 그 속도에 나도 익숙해지고 있다. 똘똘 뭉쳐 나를 놀리는 아이들을 보니 참 많이 컸다는 생각이 들었다. 자연스럽게 유머를 주고받는 모습이 참 대견했다.

색종이 열풍

토요일 저녁이면 남편과 대형 마트에 간다. 꼭 살 게 있어서는 아니다. 집에만 있기 답답해서 콧바람을 쐬러 가는 것이다. 늘 같은 곳에 가도 갈 때마다 재미있다. 물건들이 정렬된 모습이 기분을 좋게 한다. 새로운 물건을 구경하는 것도 좋다. 어쩌다 꼭 필요한 물건이 할인 판매 중이라면, 그날 나들이는 200퍼센트 만족이다.

마트에서도 숨길 수 없는 것이 있는데, 일종의 직업병이다. 직업 때문에 문구용품 앞에서 유난히 많은 시간을 보낸다. 들꽃들과 즐길 만한 활동 재료가 있는지, 새로운 활동 재료는 뭔지 살펴보기 시작하면 어느새 시간이 훌쩍 지나 버린다. 나는 매월 첫째 주 월요일에 교실의 놀잇감을 바꾼다.

마트에서 산 새로운 재료들이 교실에 등장하는 것이다. 그리고 한 달간 새로운 놀잇감으로 잘 논다. 우리 들꽃들이 나는 생각도 못 한 놀이를 하니, 아이는 정말 상상력 창고 같다. 나는 놀잇감이 지겨워질 때쯤 새로운 걸 등장시키며 계속 놀 수 있게 할 뿐이다. 특수학급에서 1년 넘게 함께한 들꽃들은 매월 첫째 주 월요일에 새 놀잇감이 등장한다는 걸 학습했다. 그날이 되면 귀신같이 정확하게 평소보다 일찍 특수학급에 온다. 그리고 새로운 놀잇감을 찾아 내 책상을 두리번거린다.

색 종이컵, 플레이콘, 모양 펀치, 모래놀이, 보드 게임, 스티커, 그림 공부책……. 정말 다양한 놀이를 거쳐 왔다. 특히 인기 좋은 놀잇감은 모래놀이였다. 점토 같으면서도 모래 촉감이 있는 실내용 모래인데, 매직이나 사인펜으로 색깔을 마음껏 바꿀 수도 있다. 색을 바꾸면 새로운 모래가 되니, 매일 가지고 놀아도 질리지 않는 것 같았다. 그림 공부도 인기 좋은 놀잇감이었다. 책에 나온 대로 따라 그리다 보면, 어느새 토끼·호랑이·기린이 완성되었다. 학생들은 그 그림을 그렸다는 사실에 엄청 자랑스러워하며, 책이 너덜너덜해져서 더는 볼 수 없을 때까지 가지고 놀았다. 통합학급에 그림을 가져가서 친구들에게 자랑하거나 집에 가져가 칭찬을 받는 등 뛰어난 그림 실력이 있는 듯 감쪽같이 속이기도 했다.

어김없이 마트를 찾은 어느 토요일, 비즈를 사려다 값이 만만찮아서 고민하고 있었다. 그때 남편이 어디서 색종이 묶음을 들고 왔다. 색종이를 할인하는 경우는 본 적이 없는데, 100매 묶음을 아주 싸게 판 것이다. 나는 무슨 일이든 결정이 빠른 편이라, 색종이 묶음을 샀다. 들꽃들 머릿수대로 사도 저렴했다. 게다가 비닐에 들어 있는 색종이 묶음만으로도 기분이 좋은데, 이때 산 색종이 묶음은 손잡이까지 달린 획기적 상품이었다. 이것으로 재미있게 놀 들꽃들 생각에, 달력 한 장이 빨리 넘어가길 바랐다.

드디어 달력이 넘어가고, 놀잇감이 바뀌는 날이 되었다. 아이들은 교실에 오자마자 인사를 하는 둥 마는 둥 하고 내 책상부터 힐끔거렸다. 나는 색종이 묶음을 이미 책상 서랍에 고이 숨겨 두었다. 그리고 아무 일 없는 척 1교시 수업을 진행했다. 새로운 놀잇감이 등장하지 않아 어지간히 궁금했는지, 아이들이 내 서랍장이 열리고 닫힐 때마다 미어캣처럼 목을 쭉 뺐다. 결국 나 못지않게 성격이 급한 은선이가 총대를 멨다.

"선생님, 오늘부터 6월이죠?"

"응, 그런데?"

"오늘 월요일인데……, 뭐 없나?"

"월요일이 뭐? 있긴 뭐가 있어. 선생님한테 뭐 맡겨 놓은 거 있어?"

"아니, 그냥……."

나도 참 짓궂다. 좋은 마음으로 그냥 주면 될 것을……. 꼭 들꽃들의 애간장을 태운다. 은선이의 전략이 실패하자 들꽃들이 갑자기 우왕좌왕했다. 깜빡했다고 할 줄 안 선생님이 뭐 맡겨 놓았느냐며 너무 당당하게 나오니 당황한 것이다. 바로 이때 짜잔, 색종이를 꺼내 들었다. 처음에는 반응이 시큰둥했지만, 한 명당 100매짜리 한 통을 갖게 된다고 하니 바로 얼굴이 밝아졌다. 그도 그럴 것이 다섯 매짜리는 많이 받아 봤어도 100매는 처음이다. 게다가 금색, 은색 색종이는 물론이고 스티커 색종이, 무늬 색종이까지 있는 게 그 전까지 가지고 놀던 색종이와는 차원이 달랐다. 좋아하는 들꽃들을 보니 내가 더 신이 났다. 어릴 적 나도 수업 시간에 가지각색 색종이를 책상 위에 꺼내면 부자가 된 듯 으스대는 마음이 생겼다.

한 달간 이어진 색종이 열풍이 이렇게 시작되었다. 은선이는 종이접기책을 보면서 색종이를 접었다. 종이접기를 하고 나면 별 스티커를 책에 붙였다. 어떤 데는 빨간 별, 어떤 데는 파란 별 스티커를 붙였다. 두 스티커의 차이가 뭔지 살펴보니 빨간 별 스티커는 성공한 작품, 파란 별 스티커는 실패해서 다음에 다시 도전할 작품에 붙였다. 그 전에는 색종이가 넉넉하지 않으니 실패할 만큼 어려운 종이접기는 아예 도전하지 않았다. 접은 작품을 또 접고, 또 접었다. 그러다 색종이 100매를 가지니 실패를 두려워하지 않아도 된다. 이번에 실패하면 다음에 다른 색종이로 또 도전하면 될 일이다.

한편 수철이는 자신만의 방법으로 작품을 만들어 갔다. 며칠 동안 계속 색종이 뒷면에 그림을 그렸다. 스케치북이 있는데 왜 아깝게 색종이에 그림을 그리는지 의아했다. 그러나 이미 색종이 100매의 주인은 내가 아닌 수철이니까 간섭하지 않고 지켜보기로 했다. 색종이 주인이 된 지 나흘째 되던 날 그리기를 멈추더니 테이프를 빌려 달라고 했다. 내가 건넨 물레방아 테이프로 드르륵드르륵 색종이를 붙이더니 자신만의 영화관이라며 선생님과 친구들 앞에서 영화를 보여 준다고 했다. 만약 내가 참지 못하고 색종이를 왜 낭비하느냐고 말했다면 수철이의 영화 상영은 없었을 것이다.

특수학급 막둥이 상민이는 아직 어려서 종이접기책을 보고 접는 것도, 창의적으로 뭔가를 만들어 내는 것도 어려워했다. 그러나 형과 누나를 따라 열심히 접었다. 네모도 접고, 세모도 접고, 그냥 구긴 듯한 것도 접었다. 그러나 모든 작품에 이름이 있었다. 어떤 네모는 꽃이 되고, 어떤 세모는 선생님이 되고, 그냥 구긴 것 같은 작품은 아이스크림이 되었다. 자기 작품을 어찌나 정성스레 다루는지, 교구장에 가지런히 줄을 세워 올려 둘 정도였다. 어떤 작품은 나나 통합학급 선생님에게 선물하겠다며 인심을 쓰기도 했다.

색종이 놀이만 봐도 아이들이 저마다 잘할 수 있는 것이 있다. 다만, 그 방법이 다를 뿐이다. 똑같은 물건이라도 자기 방식대로 가지고 논다. 색종이는 여럿이 함께 놀기에도 좋은 도구다. 칼과 총을 만들어 싸움 놀이, 부채를 접어서 가위바위보 부채질 놀이, 비행기를 접어 멀리 날리기 놀이, 미니카를 접어 멀리 가게 하기 놀이 등등 들꽃들이 주도적으로 놀이를 만들어 가는 모습이 놀라웠다. 역시 아이들에겐 모든 것이 놀이다. 하루도 심심할 틈이 없었다. 교실에 색종이 작품이 쌓일수록 들꽃들의 우정도 돈독해지는 것 같았다.

난 특수교사로서 장애인의 개개인성을 인정하고 존중한다고 생각했다. 그런데 색종이 열풍을 지켜보면서 어쩌면 특수교사인 나부터 들꽃들을 '아이'라는 존재보다는 '장애'를 앞세운 존재로 만나 왔다는 생각이 들었다. 들꽃들이 이렇게까지 색종이에 열광하며 다양한 방법으로 즐겁게 놀 줄은 몰랐다. 어쩌면 장애인과 창의력은 어울리지 않는다고 생각했는지도 모르겠다. 그래서 학생들에게 창의력을 발휘할 기회를 주기보다 교과서에서 배운 대로 일상생활 기술과 기초 학업 등을 가르치는 데만 초점을 맞췄다. 무의식중에 들꽃들 개개인은 부족한 것이 많다고 여겨, 내가 준비한 틀 그리고 사회가 요구한 틀에 억지로 끼워 맞추려고 했다. 우리 학생들의 장애를 결함이나 부족으로 보고, 그걸 어떻게든 채워 주려고 했다. 이들에게 어떤 강점이 있는지, 이들이 어디에서 흥미를 느끼는지는 별로 고려하지 않았다. 장애인 차별, 인권 침해 등의 사례를 접하면 발끈해서 마치 잔다르크가 된 것처럼 목에 핏대를 세웠지만, 어쩌면 나부터 편견 덩어리가 아닌가 싶어 반성했다.

이날 바로 서점에 가서 '장애 인권'에 관한 책을 일곱 권 주문했다. 그리고 '장애 인권'에 대해 고민하기 시작했다. 고민은 아직 끝나지 않았다. 아직도 미흡한 부분이 너무 많다. 그러나 여기서 멈추지 않고 민감성을 유지하며 계속 고민하는 교사이고 싶다. 누군가를 있는 그대로 인정한다는 것은 내가 보고 싶은 면만 보는 것이 아니다. 그 사람의 좋은점, 불편한 점도 봐야 한다. 즉 장애인 개인의 결함과 강점을함께 보는 것이 진정으로 장애인의 개개인성을 인정하는 길이 아닐까 싶다. 이것이 색종이 열풍이 가져다준 큰 가르침이다.

어린이의 눈으로 본 세상

　　정신없이 바쁘게 보낸 오전 시간을 보상이라도 해 주듯 유난히 점심 메뉴가 풍성하던 날이다. 점심을 맛있게 먹고 알림장을 점검하고 방과후 교실로 들꽃들을 보낸 뒤 여유를 부려 보겠다고 커피를 마시는데 배가 슬슬 아팠다. 아침에 유난히 바빠서 힘들었나? 점심 급식에 좋아하는 반찬이 나와서 평소보다 많이 먹은 게 탈일까? 명확한 이유를 알 수 없는 갑작스러운 복통과 함께 화장실을 몇 번이나 들락날락했는지 모른다. 들꽃들은 수업을 마치고 방과후 교실에 간 터라 다행이었다. 아픈 배를 부여잡고 겨우겨우 퇴근하고 나서도 잠자리에 들 때까지 복통과 설사에 시달렸다. 그나마 다음 날 아침에는 언제 아팠냐는 듯 말끔히 나았다.

바로 전날의 아픔을 그새 까마득하게 잊고 맛있게 점심을 먹고 있는데, 동료 선생님이 식판을 들고 옆에 앉더니 비밀 이야기를 하듯 말을 걸었다.

"선생님! 어제 은선이 얘기 들었어요?"

"응? 무슨 얘기? 아무 말도 못 들었는데, 무슨 일 있어요?"

내가 모르는 큰일이 났나 싶어서 순간적으로 등줄기에 땀방울이 맺혔다.

이야기의 주인공은 은선이였다. 전날 4교시 수업 시작 전에 도서실에서 놀고 오겠다며 나간 은선이가 평소보다 조금 늦게 들어왔다. 그러고는 평소와 다르게 이상하다 싶을 만큼 차분하게 수업에 참여했다. 무슨 일이 있는지 물어도 방긋 억지 미소만 보였다. 아니나 다를까 사건은 그 짧은 시간에 벌어졌다.

며칠 전부터 학교 도서실 뒤편에 죽은 쥐가 있었나 보다. 학생들이 방과후 교실을 오가는 길에 그걸 발견했고, 은선이의 귀에도 그 소식이 들어갔다. 동물을 유난히 사랑하는 은선이는 그 쥐가 눈에 밟혔나 보다. 나한테 도서실에 놀러 간다던 시간에 결국 못 참고 도서실 뒤편으로 가서 죽은 쥐를 손바닥에 조심조심 들고는 학교 시설을 관리하는 선생님께 갔다고 한다. 은선이 눈에 그 선생님이 죽은 쥐를 살릴 분으로 보인 것이다. 언제나 바쁜 분이지만 죽은 쥐를 들고 나타난 은선이를 타박하거나 쫓아내지 않으셨다. 쥐를 살릴 수는 없으니 함께 묻어 주자고 제안하셨고, 그 선생님과 화단에 쥐를 묻고 오느라 은선이가 4교시 수업에 늦게 들어온 것이다.

점심 식사를 마치고 쉬고 계시는 시설 관리 선생님을 찾아갔다. 자세한 이야기를 듣고 싶었다. 그 선생님 말로는 작은 두 손에 들린 쥐가 딱딱하고 냄새가 났으니 죽은 지 좀 된 것 같았다고 했다. 막무가내로 쥐를 살려 달라는 은선이를 달래느라 화단 장례를 치르신 것이다. 거기까진 좋았다. 그 순간 갑작스러운 복통에 시달린 기억이 번뜩 스쳤다.

수업 종이 울리고 얼마 지나지 않아 은선이가 밝은 얼굴로 교실 문을 열고 들어왔다.

"안녕하세요?"

"오냐, 점심 맛있게 먹었어? 선생님이 은선이한테 궁금한 게 있는데, 어제 쥐 잘 묻어 줬어?"

"네! 쥐 죽었어요."

"그래서 쥐 만지고 손은 깨끗하게 씻었지?"

"왜요?"

역시 예상이 맞았다. 복통의 원인이 밝혀지는 순간이다. 은선이가 죽은 쥐를 만지고 손을 씻지 않은 것이다. 화장실을 오가느라 고통스럽던 기억이 떠올라 욱하는 마음에 호흡이 거칠어졌다. 그러나 은선이 마음을 상하게 하고 싶지 않아서 천천히 숨을 내쉬었다. 아이들을 가르칠 때는 친절하게 하나하나 설명해야 한다. "봄이네." 하고 말하기보다 "노란 개나리가 핀 걸 보니 봄이야." 혹은 "봄이 오니 날씨가 제법 따뜻해졌네." 하고 자세히 풀어서 설명해 주는 것이 좋다. 귀찮고 힘들지만 이 과정이 하루이틀 쌓이면 아이들이 개념을 익히는 데 도움이 된다. 꾸준히 하다 보면 그림책『무슨 일이지?』에 나오는 거북처럼 아이들 스스로 모래 구덩이에서 쑥 나오는 날이 있다. 은선이에게 천천히 설명했다. 쥐한테 얼마나 병균이 많은지, 죽은 동물은 물론이고 살아 있는 동물도 만진 뒤에는 꼭 손을 씻어야 한다고 한참 이야기했다. 처음에는 왜 그래야 하냐며 반항하듯 폭풍 질문을 하던 은선이가 결국 손을 씻고 오겠다며 자리에서 일어났다. 교실 문을 나서는 뒷모습을 보며 '나도 어쩔 수 없는 어른이 됐나?' 하는 생각이 들었다.

어릴 적 학교를 마치고 집으로 돌아가는 길에 교문 앞에서 노란 병아리 두 마리를 산 적이 있다. 집에서 동물은 안 키운다는 엄마를 설득하려고 단식투쟁까지 마다하지 않고 꼬박 이틀을 졸라 겨우 산 병아리. 그때는 병아리가 곧 나고, 내가 곧 병아리였다. 그때처럼 언제나 즐겁고 신나게, 어린아이와 같은 마음으로 살고 싶었다. 그런데 손을 씻고 오겠다며 나서는 은선이의 뒷모습을 보며 내가 너무 무심한 어른이 되어 버린 것 같다는 생각이 들었다. 나도 분명 은선이 같은 때가 있었는데 말이다. 죽은 쥐가 불쌍하다는 은선이 앞에서 죽은 쥐는 더럽다고 핏대를 세우며 열변을 토한나……

어느새 손을 씻고 온 은선이를 아무 말 없이 꼭 안아 주었다. 갑작스러운 포옹에 당황했는지 한동안 나무토막처럼 뻣뻣하게 있던 은선이가 내 마음을 안다는 듯 작은 두 팔로 나를 꼭 안아 주었다. 죽은 쥐도 귀히 여길 만큼 따뜻한 마음 씀씀이만 소중하고 예쁘게 기억하자. 복통과 설사는 잊자.

선생님은 내가 지킨다

어쩌다 인생의 폭풍우를 만났다. 예기치 못하게 머리부터 발끝까지 흠뻑 젖었고, 결국 몸살을 크게 앓았다. 비바람이 얼마나 세찼는지, 만신창이가 되었다. 나처럼 우리 반 아이들이 갑자기 비바람을 만나면 어떨지 걱정이다. 가끔은 건물 안으로 피하고, 가끔은 "까짓것!"하며 당당히 헤쳐 나가고, 가끔은 웅덩이에서 놀다 가길 바란다. 장애 때문에 약자의 자리에서 늘 수동적이기보다는 때로 실패해도 능동적으로 살아가면 좋겠다.

교사가 되고 나서 가장 힘든 것이 책임감의 무게다. 내 학생들이 생기고, 이들의 성장에 꽤 큰 영향을 준다는 점에서 느낀 책임감의 무게가 엄청나다. 그래서 학생들과 함께하는 한 시간도 허투루 보낼 수가 없다. 준비 없이 또는 임기응변으로 흘려보낸 한 시간이, 세상을 배우는 학생들에게 다시없을 금쪽같은 시간이기 때문이다. 특수교육 대상자의 삶, 성장, 수업을 고민하고 또 고민할 때마다 결론은 같다. 실패해도 괜찮으니 자존감과 주도성을 가지고 능동적으로 세상을 살아가면 좋겠다는 것.

나는 학교에서 우리 아이들이 부당한 일을 당한다고 생각하면 가만히 있지 않는다. 어떤 날은 핏대를 세우며 싸우고, 어떤 날은 죄인이라도 된 양 고개를 숙이고 또 숙인다. 아이들이 이것저것 경험할 기회를 많이 얻고, 그 속에서 (비장애 친구들과 조금 달라도) 할 수 있다는 자신감을 찾길 바란다. 아이들의 삶을 지키고 성장시키려는 교사로서 최선을 다하고 있다고 자부했는데, 내 생각을 와장창 깨트리는 아이가 등장했다. 언제나 당당한 현성이다.

현성이는 나에 대해 유난히 오랫동안 간(!)을 봤다. 어떤 날은 친절하게 다가와서 마음을 녹이는가 하면, 어떤 날은 아주 삐딱하게 앉아 "왜요?"와 "싫어요!"를 남발했다. 한대 콕 쥐어박고 싶은 마음이 굴뚝같을 때도 있지만, (오래된 드라마 대사처럼) 나는 선생이고 현성이는 학생이니까 현성이 마음이 열리기를 학수고대했다. 찬찬히 지켜보니 현성이는 불안이 높았다. 그래서 선생님에게 마음을 열어도 괜찮을지를 계속 고민한 것이다. 석 달이라는 시간이 흐르고, 어느 순간 마음을 정한 듯했다. 다행히도 특수학급 선생님을 믿어 보겠다는 결정이었다. 그때부터 나한테 잘 보이려고 노력하는 모습이 확실하게 드러났다. 수업 시간에 바른 자세로 앉는 것은 기본이고, 발표나 학습 활동에도 무조건 적극적으로 참여했다. 내가 보기만 해도 자세를 바르게 고치고, 옆에 있는 친구에게까지 바르게 앉으라고 요청했다. 그런데 나는 그런 현성이가 꽤 불편했다. 마음을 열어 줘 참 고맙고 다행인데 이상하게 마음이 꺼끌꺼끌했다. 내가 엄한 선생이었나 생각하며 오랫동안 불편한 마음을 들여다본 결과, 그것은 애잔함이었다. 선생님에게 사랑받으려고 노력하는 현성이가 안쓰러웠다. 나는 현성이가 현성이라서 사랑스럽고 좋은데, 잘해야만 사랑받을 것같이 느끼는 현성이가 애처롭게 보인 것이다. 그래서 한동안 현성이가 실수하고 실패할 때 더 따뜻하게 대했다. 이런 노력 덕인지, 현성이가 수업에 참여하는 모습이 차츰 편안해 보이고 비로소 아이답게 느껴지기 시작했다.

3학년 학생 전체에게 성교육이 있던 날, 현성이가 박력 있게 교실 문을 팍 열고 들어왔다. 그러면서 카리스마 넘치는 목소리로 나를 불렀다.

"선생님, 여기 좀 앉아 보세요."

"응?"

현성이의 박력에 당황한 나는 어느새 현성이가 시키는 대로 자리에 앉아 있었다.

"선생님, 문 열어 주면 돼요? 안 돼요?"

"응? 그게 무슨 말이야? 네가 열고 들어왔잖아."

"아니, 집에서 문 열어 주면 안 되죠. 그럼 잡아가고 위험해요."

아! 성교육 시간에 뭔가 들은 것이다. 그 순간 현성이에게 맞장구를 쳐 줘야겠다는 생각이 번뜩 들었다. 사실 단순한 맞장구가 아니라, 현성이가 얼마나 잘 배웠는지 알아보기에 좋은 기회다.

"선생님이나 선생님 가족 친구일 수 있으니까 열어 줘야지. 손님이잖아."

"아니, 안 된다고요. 그럼 큰일 나요."

"왜? 문 안 열어 줬다고 엄마한테 혼나면 어떡해?"

"아니, 그래도 문 열어 주면 안 돼요."

"알겠어, 알겠어. 그렇게 할게."

"그리고 밤에 놀이터 가요? 안 가요?"

그 순간 터져 나오는 웃음을 참다가 딸꾹질이 나왔다. 현성이에게 가장 신나는 장소가 놀이터라서, 나도 놀이터에 가서 논다고 생각한 모양이다.

"친구랑 약속했으면 가서 놀 수도 있지."

"하, 진짜! 선생님, 좀! 밤에 놀이터 가면 위험하죠."

"친구랑 같이 있는데 뭐가 위험해?"

"나쁜 사람이 있을 수 있고, 집에 가야죠."

"선생님은 친구랑 커피 마시면서 그네 타면 좋던데. 별도 보고, 달도 보고……. 안 되나?"

"아, 좀! 선생님, 왜 말을 안 들으려고 하세요?"

현성이의 열변에 맞춰 주려고 의기소침한 척하며 입을 삐쭉 내밀어 보였다. 그랬더니 내가 안쓰러운지 나를 아기 다루듯 살살 달래기 시작했다.

"선생님! 기억해 봐요. 문 열어 주면 안 되고, 밤에 놀이터 가면 안 되고, 그리고 (작은 목소리로) 아는 사람도 따라가면 안 돼요."

"알겠어. 선생님이 현성이 말 들을게!"

현성이가 이런 단속으로 수업 시간 10분을 홀랑 까먹었다. 수업 따위는 중요하지 않다는 태세다. 공부하다가도 계속 고개를 들어 나한테 레이저를 쏘았다. 동그랗게 뜬 큰 눈이 마치 "선생님, 잊으면 안 돼요!"라고 말하는 것 같았다. 어찌어찌 수업을 마무리하고 교실로 돌아갈 시간, 현성이가 큰소리로 나를 불렀다. 내가 대꾸하지 않았더니 부르고 또 불렀다.

"선생님! 저기 선생님? 아 좀, 선생님!"

"왜 자꾸 불러~?"

"안 잊어 먹었죠? 말해 봐요."

"문 열어 주면 안 되고, 밤에 놀이터 안 되고, 아는 사람도 따라가면 안 된다!"

"그렇지! 잘했어요. 저 갈게요."

끝까지 잔소리 폭격을 날리는 아이에게서 따뜻함을 느꼈다. 폭격을 맞아도 아프지 않고 포근했다.

진심은 통한다는 말이 생각났다. 현성이가 마음을 열고 나를 믿기까지 아픈 날이 많았다. 교사로서 자괴감이 드는 날, 슬픔이 몰려오는 날, 허망함이 느껴지는 날도 있었다. 그러나 내 진심이 고스란히 현성이에게 가 닿았고, 뿌리를 내렸고, 싹을 틔웠나 보다. 현성이한테 자기 자신뿐만 아니라 제가 아끼고 사랑하는 이도 지켜 주려는 마음이 생긴 것이 반가워서 코끝이 찡했다. 나는 현성이 덕분에 나와 학생의 관계를 다시 생각하게 되었다. 내가 일방적으로 지키고 성장시키는 게 아니라, 서로 함께 지키고 성장시키는 관계라고 말이다.

"현성아, 고마워! 네 걱정대로 아무한테나 문 열어 주지 않고, 밤에는 놀이터에 안 갈게. 아는 사람도 조심하고 또 조심할게. 피해 예방만큼이나 가해 예방이 필요하다는 성교육도 때를 봐서 해 줄게."

3부
우리가
함께 운 시간

스승의 날, 졸업한 들꽃 녀석에게 전화가 왔다. 중학생이 되어
여자 친구를 사귀었다고 저 할 말만 하고 끊어 버린 짧은 통화.
얼마나 자랑하고 싶었으면, 하는 생각에 피식 웃음이 났다.
그리고 나를 기억하고 전화해 준 게 고마웠다. 나는
들꽃들에게 어떻게 기억될까? 목소리 크고 무서운 선생님?
재미있게 수업하는 선생님? 잔소리 많은 선생님? 가능하다면
'언제든 기댈 수 있는 선생님'으로 기억해 주면 좋겠다. 들꽃들의
삶을 끝없이 지지하고 격려하며 함께 울고 함께 웃던 어른으로
말이다. 들꽃들과 함께하다 보면 눈물이 그렁그렁 맺히는 날이
있다. 눈물이 맺히는 이유야 그때그때 다르지만.
아픔과 분노와 회한에서 비롯했어도 그 눈물이 우리를
함께 자라게 하는 자양분이 되기도 하고 가로막혔던 벽을
허무는 계기가 되기도 한다.

　　　　　"바다에 가고 싶어요."

　　나는 바다를 참 좋아한다. 푸른 바다를 보고 있으면 힘
든 기억도 파란빛으로 물들어 지워지는 것 같다. 바람에 끌
려와 모래 끝자락에서 부서지는 파도 소리도 참 좋아한다.
가만히 눈을 감고 들으면 무너졌던 하루들이 토닥토닥 위로
받는 느낌이다. 그래서 방학이면 늘 바다를 찾는다. 한 학기
동안 지친 마음에 평안을 얻기 위해서다. 꼭 방학이 아니라
도 너무 지친 한 주의 끝에는 바다를 찾는 것이 큰 낙이자 치
유법이 되었다.

　　현아하고 한글을 익히는 날, '바'로 시작하는 단어를 공
부하고 있었다. '바'로 시작하는 단어 세 개를 쓰고, 읽고, 문
장을 만들어서 말해 보는 수업이다. 현아는 아주 쉽다는 듯

'바나나'와 '바지'를 말했다. 나머지 하나는 도통 생각나지 않는지, 나한테 힌트를 달라고 고양이처럼 귀여운 미소를 보냈다. 나는 '바다'를 생각하고 힌트를 줬다.

"음, 여름에 사람들이 많이 가는 곳이야. 여기에서 헤엄칠 수 있고 모래 놀이도 할 수 있어."

"그게 뭐지?"

"당연히 '바'로 시작하는 두 글자야. 선생님은 여기만 가면 기분이 좋아져."

"모르겠어요."

"여기에 가면 파도 소리가 들리는 게 너무 좋아. 그리고 깊숙한 곳엔 물고기도 많이 살아."

"아, 바다!"

"그래 정답! 바다야! 선생님이 제일 좋아하는 바다!"

"선생님은 바다가 왜 좋아요?"

내가 바다를 좋아하는 이유를 하나부터 열까지 말했다. 그러다 보니 파도 소리가 귓가에 들리는 것 같고, 바다가 눈앞에 있다는 착각에 빠졌다. 몸은 교실에 있어도 마음은 벌써 모래밭에 앉아 바다를 본다.

현아는 바나나, 바지, 바다를 학습했다. 그리고 이 단어들로 문장을 만들어 볼 시간이 되었다.

"바나나는 노란색이다."

"그래, 잘했어. '맛있다'를 넣어서 문장을 더 길게 해 볼까?"

3부   우리가 함께
         운 시간   107

"바나나는 노란색이다. 맛있다."

"현아가 잘하네. 그런데 '노란 바나나는 맛있다.'로 바꿔 보면 어떨까?"

"좋아요. 노란 바나나는 맛있다."

"그래. 그럼 바지를 넣은 문장도 만들어 보자."

"선생님하고 나하고 바지다."

"어? 정말 우리 둘 다 오늘 바지 입었네? 똑같다! 그런데 바지는 옷이니까, 입었다는 말을 넣으면 더 좋을 것 같아."

"선생님하고 나하고 바지를 입었다."

이때까지는 평소와 다름없이 순조롭게 수업이 진행되었다. 문제는 '바다'로 문장을 만들 때였다.

"그럼 '바다'를 넣어서 문장 만들어 보고 오늘 공부 끝내자."

"네, 바다에 간다."

"좀 더 길게 만들어 볼까? 바다 하면 뭐가 생각나? 바다에 사는 것들이나 색을 넣어서 문장을 만들어도 좋을 것 같아."

"그냥 바다에 간다고 해요."

"에이, 조금만 더 길게 해 보자. 우리 지금 문장 길게 만들기 연습하고 있잖아."

"바다에 간다로 할래요."

현아가 끝까지 최선을 다하지 않으니 나는 슬슬 화가

났다. 그리고 웃음기 뺀 좀 더 엄격한 말투로 수업을 이어 나 갔다. 현아하고 기싸움이 시작됐다. 나는 현아의 개별화 교육 목표에 맞게 조금 더 긴 3어절 문장을 만들라고 계속 요구했 고, 현아는 계속 '바다에 간다'로 하겠다고 고집을 부렸다. 결 국 내 목소리가 높아졌다.

"현아야, 딱 하나 남았잖아. 선생님이 조금만 길게 문 장 만들어 보자고 했지? 현아가 딱 한 번만 더 생각하면 충분 히 할 수 있는데 계속 고집 부리고 안 하니까 선생님은 화가 나."

"⋯⋯."

"마지막 한 문장 남겨 놓고 현아랑 선생님이랑 이렇게 서로 마음 상하면 좋겠어? 선생님도, 너도 기분 안 좋잖아! 어떻게 할래? 조금 더 길게 문장을 만들어 볼까, 아니면 오늘 공부 그만할까? 현아, 네가 선택해!"

내 으름장에 현아가 조용히 입을 뗐다.

"크게 말해! 그래야 선생님이 알아듣지!"

"바다 가고 싶어요."

"응?"

머리가 백지장처럼 하얘지는 순간이었다. 바다에 가고 싶다는 현아의 말이 내 가슴에 들어와 박혔다. 바다에 가 본 적 있느냐는 내 질문에 현아는 그제야 제 뜻이 선생님에게 전달되었다는 듯 배시시 웃으며 아무 말 없이 고개를 가로저 었다. 가슴이 조이는 느낌이었다. 나는 현아가 당연히 바다에 가 봤을 거라고 생각했다. 그래서 바다로 문장 만들기도 어려움 없이 할 줄 알았는데, 순전히 내 생각이었다. 현아에게 바다는 상상 속 공간이었다. 현아는 제 속마음을 말했는데, 나는 현아가 공부를 빨리 끝내고 놀고 싶어서 성의 없이 문장을 만든다고 오해했다.

현아는 지적 장애가 있는 부모님과 산다. 그렇다 보니 지원 인력이 없으면 바다든 산이든 여행 가는 일이 쉽지 않았을 것이다. 현아의 가정환경을 고려하지 못한 내가, 현아에게 언성을 높이고 얼굴을 붉힌 내가 미련하고 죄스럽게 느껴졌다. 할 수만 있다면 시간을 되돌리고 싶었다. 그러나 그렇게 못 하니까, 조용히 현아를 품에 안았다. 조그마한 현아는 내 품에 쏙 들어와 안겼다. 아무 일 없다는 듯, 내 실수는 이미 용서했다는 듯 품에 안겨 살포시 웃는 현아를 보자 더 미안해져 목울대가 뜨거워졌다.

"현아야, 미안해."

"왜요?"

"현아의 마음을 몰라주고 화내서."

"네."

교사가 학생들을 가르치며 종종 놓치는 것 중 하나가 이런 경우다. 일부 특수교육 대상자들은 경험의 폭이 넓지 않다. 가정환경이 어려운 학생은 말할 것도 없고, 환경이 괜찮은 학생도 크게 다르지 않다. 학생의 도전 행동이나 주변 사람들의 시선 때문에 밖에 나가서 직접 경험하기가 쉽지 않은 것이다. 그림책과 영상 등으로 단어를 접하고 학습한 경우가 많다 보니, 특정 단어에 대해 현실감을 갖거나 학습을 확장하는 데 어려움이 있다. 아직 갈 길이 먼 내가 이런 점을 고려하지 못했다. 학생의 실생활과 연결된 교육을 하겠다고, 그렇게 해야 한다고 머리로는 알았지만, 정작 어떻게 실천할지에 대해서는 깊은 고민과 배려가 없었다. 현아 덕분에 내가 큰 깨달음을 얻었다.

여름방학에 현아와 함께 바다를 보고 싶다는 내 작은 바람은 '안전'이라는 현실의 벽에 부딪혀 실현되지 못했다. 그러나 랜선 여행으로 바다를 즐기며 언젠가 꼭 현아가 진짜 바다를 두 눈에, 두 귀에 그리고 마음에 담는 날이 오기를 바랐다.

지켜 주지 못해 미안해

"선생님, 빨리 교무실로 와 보세요."

다급한 전화를 받은 건 점심 식사를 마치고 커피 한 잔의 여유를 즐기고 있을 때였다. 아직 뜨거운 김이 오르는 커피를 책상에 두고 교무실로 가 보니, 수현이가 씩씩거리고 서 있었다. 그 뒤로 바삐 움직이는 선생님들이 보였다.

"선생님, 수현이가 그네에서 미연이 목을 졸랐대요. 지금 미연이 눈 실핏줄이 터져서 응급실에 갔어요. 6학년 학생이 애써 말리지 않았으면 큰일 날 뻔했어요."

담임선생님을 얄밉게 노려보는 수현이의 눈빛이 내 오른쪽 뺨에 느껴졌다. 저 스스로 무슨 잘못을 했는지 전혀 모르는 것 같았다. 담임선생님은 씩씩거리며 서 있는 수현이의 손을 잡고 교실로 갔다. 두 사람이 나간 뒤에도 교무실에서는 큰일 날 뻔했다는 이야기가 한참이나 오갔다. 선생님들이 큰 책임을 질 뻔했다는 말도 있었다. 나도 놀란 가슴을 쓸어내고 교실로 돌아왔다. 커피는 차갑게 식어 있었다. 그렇게 '그네 사건'이 마무리되는 줄 알고 며칠을 보냈다.

다음 날이면 시작되는 긴 추석 연휴에 대한 기대로 콧노래를 흥얼거리면서 퇴근 준비를 할 때였다. 똑똑, 교실 문을 두드리는 소리에 이어 학교 폭력 업무를 맡은 선생님이 조용히 교실로 들어왔다.

"선생님, 바빠? 사실은 며칠 전 수현이 그네 사건이 학교폭력대책자치위원회에 회부됐어. 학교도, 수현이 보호자도 수현이가 특수학교로 옮기는 게 좋겠다는 반응이야. 아무래도 선생님한테 말해야 할 것 같아서……. 늦게 말해 미안해요."

그 순간 발끝에서부터 뜨거운 게 솟구쳐 올라왔다.

"뭐? 왜 이제야 말해요? 특수학교? 수현이를 특수학교로 보낸다고?"

불같은 성격이 매력이자 흠인 내가, 미안해하며 서 있는 선생님을 스쳐 교실 문을 벌컥 열고 나갔다.

몇 분 전 나처럼 교감 선생님이 여유롭게 퇴근 준비를 하고 계셨다. 연휴에 대한 내 기대감과 설렘이 깨져 버린 것처럼 교감 선생님의 여유를 와장창 깰 기세로 입을 열었다.

"교감 선생님, 수현이 일이 여기까지 오도록 왜 저한테 아무 말씀 없으셨어요? 비밀 유지요? 피해자든 가해자든 특수교육 대상자가 학교 폭력 사건과 관련되면 특수교육 담당자하고 일을 진행하는 게 맞지 않나요? 특수학교요? 교감 선생님은 수현이가 특수학교에 가야 한다고 생각하세요? 진짜 수현이에게 특수학교가 더 적합한 교육 환경이라고 생각하세요?"

발령받은 지 6개월, 발령장 잉크도 채 마르지 않은 내가 교감 선생님께 목소리를 높였다. 교감 선생님은 흥분한 나를 보며 입술을 꾹 다물고 서 계셨다. 마치 '이럴 줄 알았다'는 듯한 반응이었다. 그때는 아무 말도 하지 않는 교감 선생님이 무책임하다는 생각에 미웠다. 그러나 돌이켜 생각해 보니 그건 '그 마음을 이해하고 그 분노에 충분히 공감한다'는 뜻이었다. 실제로 교감 선생님은 참 좋으신 분이다. 나중에 나한테 진심으로 사과까지 하셨다.

내가 '무례'를 무릅쓰고 분노한 이유는 크게 두 가지다. 첫째, 수현이에게 특수학교는 더 나은 교육 환경이 아니었다. 수현이는 ADHD, 즉 주의력 결핍 과잉행동 장애로 행동이 과격하고 주의 집중이 어려웠다. 그러나 인지 기능에 큰 손상이 없어서 학급 또래와 같은 교육과정으로 수업에 참여할 수 있었다. 가끔 스스로 흥미 있는 내용의 수업은 어느 누구보다 적극적으로 집중하며 참여하기도 했다. 학업 성취 면에서 또래와 별 차이가 없고, 썩 매끄럽지는 않지만 친구들과 관계를 형성하고 유지하는 데도 큰 어려움이 없었다. 스스로 신변 처리를 할 수 있고, 보행을 비롯한 신체 활동상 문제도 없었다. 단지 어릴 때 가정불화로 긍정적인 양육 환경에서 자라지 못해 투정이 심하고 고집이 세다는 것이 흠이라면 흠이었다. 그러니 특수학교보다는 통합교육적 환경이 수현이에게 교육적으로 더 적합했다. 적어도 내 판단은 그랬다. 그런데 특수교육 대상자의 교육 환경 변화에 대해 특수교사인 나와 조금도 협의하지 않고 일을 진행해 버렸으니 몹시 화가 났다.

둘째, (내 생각에) 수현이의 특성이 전혀 반영되지 않은 결정인 데다 문제가 된 일을 수현이 혼자 고스란히 감당하는 것 같았다. 전후 사정은 이랬다. 점심시간에 그네를 타고 있던 미연이에게 수현이가 양보해 달라고 했는데, 미연이가 들은 척도 하지 않았다. 그래서 수현이가 미연이 뒤로 가서 그네를 흔들기 시작했고, 그래도 미연이가 내려오지 않으니까 목을 잡고 흔들었다. 앞서 말한 것처럼 수현이는 ADHD로 행동을 조절하는 데 어려움이 있다. 미연이의 뒤에서 목을 잡고 흔들었으니, 수현이는 미연이가 얼마나 고통스러워하는지 못 봤을 것이다. 물론 수현이의 행동이 옳다는 말은 아니다. ADHD 학생이니 무조건 이해해야 한다는 것도 아니다. 내가 알고 겪은 수현이는, 미연이의 고통스러운 표정을 마주했다면 실핏줄이 터질 때까지 목을 조르지 않았을 거라는 말이다. 수현이는 그 정도로 상황 인지가 어렵거나 잔혹한 아이가 아니다. 수현이는 정말로 미연이가 고통스러워하는 걸 몰랐다. 한마디로, '의도'와 상관없는 '사고'였다. 이런 맥락과 수현이의 특성을 전혀 고려하지 않은 처분이 결정됐으니 화가 났다. (결국 특수학교가 아닌 옆 학교로 전학하는 것으로 사건이 마무리되었다.)

솔직히 화가 치솟은 데는 죄책감이 있다. 수현이를 제대로 가르치지 못했다는 죄책감, 일이 그렇게 진행되도록 무심했던 것에 대한 죄책감. 나 자신에게 화가 나는데, 괜히 교감 선생님께 화를 냈다. 이제 막 신발 끈을 조여 맨 신규 교사인 나에게 이 일은 꽤나 오랫동안 아픔이 되었다. 마음에 작은 가시가 박힌 듯, 마음을 쓰다듬을 때면 문득 이 가시에 손이 찔려 너무 아팠다.

전학 가기 전날, 사물함에서 그간 사용한 책·색연필·가위·풀에 자르다 만 색종이까지 챙기는 수현이를 내 자리에 앉아 조용히 보고 있었다. 가시 박힌 마음 위에서 누군가 미친 듯이 발을 구르는 것 같았다. 수현이는 사물함 물건을 꺼내면서 덜그럭 소리가 날 때마다 잠시 행동을 멈추고 내 쪽을 힐끗 봤다. 내가 풍기는 싸한 기운을 느꼈는지, 왜 기분이 안 좋으냐고 물었다. 나는 그 질문에 더 아팠다. 이 험한 세상에 수현이가 기댈 곳이 없는 것 같아서 안쓰러웠다. 새로운 환경에 잘 적응할 수 있을지, 그곳에서 사랑받으며 잘 지낼 수 있을지 여러 걱정이 머리를 스쳤다. 문득 '수현이가 사랑받는다는 걸 알까? 사랑받는다고 느껴 본 적이 있을까?' 하는 마음에 천천히 다가가 어깨에 손을 올리며 물었다.

"수현아, 너는 사랑이 뭔지 알아?"

"알죠! 사랑은 마음에 들어오는 거예요."

"마음에 들어오는 거?"

"네! 그리고 말을 잘 들어 주는 거요."

"그렇구나……. 그럼 수현이는 누구를 사랑해 본 적 있어?"

"있어요! 우리 엄마요!"

엄마. 이 말에 나는 터져 나오는 울음을 참을 수도, 숨길 수도 없었다. 엄마……. 어린 수현이를 버리고 간 엄마. 아이가 무슨 죄냐며, 모든 도전 행동과 정서 불안이 엄마 때문이라며, 수현이가 이해되지 않는 행동을 보일 때마다 내가 욕하고 비난한 그 엄마. 나처럼 수현이도 엄마를 미워하고 원망할 거라고 생각했는데, 수현이에게 엄마는 사랑의 대상이고 그리움 자체였다. 생각지도 못한 수현이의 마음에 나는 엉엉 울었다. 그런 나를 수현이는 말없이 바라보다 짐을 마저 챙겼다.

"그럼 수현이는 사랑받는 걸 느껴 봤어?"

"네! 당연하죠. 선생님이 저 사랑하잖아요."

이렇게 말해 준 수현이가 짐을 챙기다 말고 몸을 휙 돌려 내 허리를 안았다. 푹신한 내 뱃살에 얼굴을 기댄 채 한참 말없이 있었다. 한껏 부풀어 오른 내 죄책감이 수현이의 대답에 톡, 터져 버렸다. 수현이가 때때로 고집부리며 미운 짓을 하면 정이 뚝 떨어지게 미웠다. 너무 힘든 날엔 '내일은 결석하면 좋겠다'고 생각하기도 했다. 선생도 사람인지라 쌀쌀맞게 대한 날, 웃어 주지 못한 날도 있다. 혹시나 수현이가 그런 못난 날들을 떠올릴까 봐 갑자기 두려워졌다. 나한테 기댄 아이에게 손을 내밀어 안아 줄 정신도 없이 그대로 얼어 버렸다. 마음 모퉁이에 잘 숨겨 두었던 죄책감을 터트려 버린 수현이는 수줍은 얼굴로 마지막 인사를 건네고 무심하게 교실을 나섰다. 아주 작은 색종이 조각 하나까지도 빼놓지 않고 가방에 옮겨 담아서……

수현이가 새 학교에 잘 적응하고 있다는 소식을 간간이 전해 들었다. 물론 새 학교에서 이런저런 행동으로 미움받을 때가 있다는 소식도……

'아이들과 함께한 모든 순간을 소중히 여기고 사랑하자.'

수현이가 내게 준 가르침은 아주 간단하지만 결코 가볍지 않다. 매 순간 교실에서 이 가르침을 실천하려고 애쓰고 또 애쓰고 있다. 수현이를 안아 줄 정신도 없이 보낸 그날과 같은 실수를 반복하지 않으려고.

떼를 쓸 줄 모르는 아이

나는 갖고 싶은 것도, 하고 싶은 것도 참 많다. 어릴 때부터 그랬고 지금도 변함이 없다. 그래서인지 일 벌이기를 좋아한다. 갖고 싶은 것은 돈을 차곡차곡 모아 꼭 사고야 만다. 지금은 경제활동을 하니까 내 주머니 사정에 맞게, 갖고 싶은 것을 가질 수 있다. 어릴 땐 그럴 수 없었다. 부모님이 주시는 용돈은 늘 부족하게 느껴졌고, 갖고 싶은 물건과 먹고 싶은 간식 목록은 날로 늘어났다. 갖고 싶다는 욕구를 참지 못하고 문구점 물건을 슬쩍한 적이 여러 번 있다. 한 번, 두 번 슬쩍할 때마다 묘한 긴장을 느꼈다. 그러나 꼬리가 길면 잡히는 법. 결국 문구점 주인아주머니께 걸려 된통 혼난 이후, 슬쩍하던 짓을 그만두었다.

"따르릉."

어느 날 1교시 수업 중 교실 인터폰이 울렸다. 5학년 교실에서 온 전화였다. 선생님의 다급한 목소리가 전화선을 타고 넘어왔다.

"선생님, 혹시 여벌 옷 있을까요?"

우리 학교 5학년 학생 중에 용변 실수할 아이가 없는데…… 무슨 일인지 알아보니, 화장실에 가던 남자아이가 누군가 뿌려 놓은 세제에 발을 헛디뎌 넘어졌다고 한다. 다행히 크게 다치지는 않았지만, 옷이 다 젖은 데다 세제 닿은 곳이 쓰라려서 씻고 옷을 갈아입어야 할 것 같다고 했다. 안타깝게도 5학년 아이한테 맞을 만한 옷이 없고, 바지는 아예 여벌이 없었다. 2교시를 마치고 물을 가지러 교무실에 가니, '범죄와의 전쟁'이 선포되고 있었다. 선생님들이 너나없이 수사반장이 되어 육하원칙으로 사건을 되짚어 보는 중이었다. 나는 6학년 학생에게 1학년 학생 둘을 잠시 맡기고 간 터라 거기 끼진 못했다.

점심 식사 뒤 교무실에서 커피 한잔하려는데 오전에 일어난 '사건' 이야기가 다시 나왔다. 현장 조사를 마친 교감 선생님이 아무래도 세제가 아닌 것 같다고, 노란 액체인데 기름처럼 미끈거렸다고 했다. 그 순간 내 머릿속에 떠오르는 게 있었다.

"아! 교감 선생님, 노란 액체요?"

"네, 노란색이었어요. 세제는 아닌 게…… 거품이 안 나고 향이 너무 진했어요."

"저…… 그게 뭔지 알 것 같아요."

이틀 전 우리 들꽃들하고 나눔 장터에서 팔 물건을 만들었다. 1학년은 비교적 만들기 쉬운 디퓨저를, 고학년은 클레이 비누를 맡았다. 디퓨저를 만들 때 쓴 오일이 딱 한 병 남았다. 그게 머릿속을 스쳤다. 물을 붓지 못해 커피 가루만 담긴 머그잔을 내려놓고 급히 교실로 갔다.

아뿔싸, 노란 오일이 제자리에 없었다. 혹시 다른 데 있나 싶어서 교실을 샅샅이 뒤졌다. 그러나 다른 곳에 있을 리가 만무했다. 혹시나 아이들이 손을 댈까 봐 신경 쓰고 주의해서 일정한 자리에 두었기 때문이다. 물건에 발이 있어 스스로 움직였을 리는 없고, 그럼 누가 만졌다는 건데……. 사실 마음속에 떠오른 얼굴이 둘이었다. 평소 내 책상을 자주 기웃거리고 주기적으로 내 물건을 슬쩍하는 아이들이다. 그중 나눔 장터 물건을 만들 때 저도 비누 말고 디퓨저를 만들고 싶다고 몇 번이나 말한 아이. 먼저 그 아이를 불렀다.

"선생님, 저 왔어요."

"그래, 선생님이 물어볼 게 있어서 불렀어."

불안하게 움직이는 눈동자, 아이가 켕기는 게 있는 눈치였다.

"혹시 선생님 책상 위에 있던 노란 병 봤니?"

"아, 노란색? 네. 아아, 아뇨."

"그래? 알겠어."

"저 안 가져갔어요! 진짜예요."

가져갔느냐고 묻기도 전에 가져가지 않았다고 하니 의심이 더 커졌다.

좀 전까지 눈동자만 흔들렸는데, 이젠 아예 고개가 위아래로 좌우로 왔다 갔다……. 어디를 봐야 할지 몰라 불안해하는 것이 온몸에서 느껴졌다. 이미 "내가 가져갔어요."라고 말하는 것과 다름없었다. 이런 순간은 너무 괴롭다. 입으로는 '아니다'를 말하지만, 불안한 눈동자와 맥없이 움직이는 온몸이 '그렇다'고 말하는 순간. 이럴 때 아이의 말을 믿어 줘야 할지, 추궁해서 결국 아이의 잘못을 밝히고 용서를 구하게 해야 할지 혼란스러운 것이다. 멈춰야 하는지 아니면 한 발 더 들어가야 하는지, 무엇이 옳고 아이를 살리는 길인지 나는 아직 모르겠다. 교사로서 경력이 쌓이면 뭐가 더 옳은지 알게 될까? 아이가 스스로 잘못을 인정하게 하는 기술이 생길까? 아이가 물건을 갖고 싶게 한 내 잘못일까? 내가 그런 환경을 만들지 않았다면 이런 일이 생기지 않았을까? 머릿속을 누군가가 휘휘 저어 흙탕물로 만든 것 같았다. 복잡했다. 아직 판단이 서지 않았지만 흙탕물같이 돼 버린 머리를 붙잡고 한 발 더 들어갔다.

"그래, 알겠어. 선생님 물건이 없어졌거든. 지금 행정실에 가서 교실 CCTV 확인하려고. 너는 교실로 가야지. 같이 나가자."

가장 치사한 방법, 내가 가장 싫어하는 CCTV를 등장시켰다. 아이는 교실 뒤편에 있는 화재 감지기를 CCTV로 알고 있다.

아이는 나가자는 나의 말에 아무 대답도 하지 않은 채 망부석이 되어 자기 손을 만지작거릴 뿐이었다.

"혹시 네가 가져갔니?"

"……."

"다시 물어볼게. 선생님이 CCTV를 보면 안 되는 게 네가 당당하지 못하게 행동했기 때문이야?"

"……."

"용서 구할 기회가 왔을 때 용기를 내는 건 멋진 일이야. 혹시 네가 가져갔다면 용기를 내 주면 좋겠어. 네가 선생님 물건에 손댔니?"

"네."

산 넘어 산. 진짜 문제는 이제부터다. 아이가 사실대로 인정했으니 따끔하게 혼내야 할까? 다시는 그러지 말라고 타일러야 할까? 따끔하게 혼내자니 아이가 다음에 잘못할 때 용기를 못 낼 것 같고, 잘 타일러 돌려보내자니 한 달에 한 번 꼴로 비슷한 사건이 생긴 걸 방조하는 느낌이다. 정말 어려웠다. 결론을 내기 전에 일단 어쩌다 일을 냈는지 물었다.

그런데 아이가 말하는 사건 경위는 앞뒤가 맞지 않았다. 반복되는 거짓말에 마음 좁은 나는 결국 소리를 높이고, CCTV에 이어 경찰까지 등장시켰다. 정말 비겁했다. 아이는 진심으로 잘못을 뉘우치지 못했고, 결국 CCTV와 경찰이라는 '외압'에 못 이겨 겁먹은 채 잘못을 시인하고 용서를 구했다. 뉘우쳐선지 나한테 혼난 게 분해선지 알 수 없는 눈물을 흘리며 서 있는 아이를 볼 때 갑자기 마음이 확 달아올랐다. 내가 아이의 행동만 탓하고 있었기 때문이다. 아이 스스로 자기 행동이 옳지 못하다는 걸 몰라서 문제라고 생각했다. 그래서 잘못을 저지르고, 용서를 구하고, 불편한 상황에서 벗어나고, 같은 잘못을 반복하고, 용서를 구하고, 불편한 상황에서 벗어나고……. 그런데 아이 행동의 이면에는 그렇게 할 수밖에 없는 이유가 숨어 있다. 사실 아이는 아동 보호 시설에서 산다. 요즘 인권 감수성이 높아지면서 아동 보호 시설이 많이 변했다지만, 여느 가정만은 못한 것이 사실이다. 아동 보호 시설에 사는 아이는 떼쓰는 방법을 모른다. 친구 물건과 똑같은 걸 사 달라고 떼써도 받아 줄 이가 없기 때문이다. 그래서 터득한 방법이 갖고 싶은 물건을 몰래 가져가는 게 아니었을까 싶다.

울 만큼 울었는지 멋쩍게 제 손을 만지작거리며 서 있는 아이의 등을 조용히 쓰다듬었다. 그러고 있으니, 물건 사 달라고 발 동동 구르며 떼 한번 써 보지 못하고 자라는 아이의 쓸쓸한 마음이 고스란히 나한테 전해졌다. 존재만으로 너무 소중하고 아름다워서 어떤 행동이든 '오구오구' 받아 줄 든든한 어른이 한 명도 없다는 사실이 마음에 사무쳤다. 내 마음에도 아이 마음에도 큰 구멍이 뚫린 것 같았다.

이 일을 겪고 나서부터다, 학생들에게 '기댈 언덕' 같은 선생이 되고 싶다고 생각한 것은……. 진심으로 그렇게 되고 싶다. 그래서 노력한다.

교사라는 직업은 정말이지 산 넘어 산이다.

친구가 필요해

나는 지극히 내향적이다. 사람들과 함께 있는 걸 좋아하지만, 힘은 혼자 음악을 들으면서 책을 읽거나 글을 쓸 때 난다. 그래서 친구라는 존재의 소중함을 크게는 못 느끼며 살았다. 뜻하지 않은 폭풍우를 만나 넘어지기 전까지는 말이다. 나보다 더 아파하고 힘들어하며 진정으로 지지하고 아껴 주는 친구들을 만난 뒤로 친구가 소중하고 좋다는 걸 알았다. 나이나 배경과 상관없이 마음이 통하면 누구든 친구가 될 수 있다는 것도 배웠다. 기쁜 일은 나누면 배가 되고, 힘든 일은 나누면 가벼워진다는 평범한 진리를 이제라도 깨달았으니 참 다행이라는 생각이다. 물론 학창 시절에 알았다면 더 많은 친구와 소통하며 학교생활을 즐겁게 했을 텐데, 하는 아쉬움도 있다.

　여름 더위가 한풀 꺾이고 가을을 알리는 새파란 하늘이 참 예쁜 날이었다. 며칠 전부터 초등학교에 들어온 지 얼마 안 된 1학년 동생들을 향한 은선이의 지나친(!) 관심이 시작되었다. 학교 버스에서 내려 1학년 동생들의 손을 잡고 교실까지 데려다주거나 급식실을 돌아다니며 동생들이 밥을 잘 먹는지 살펴본다. 화장실에서 손을 안 씻고 나오는 동생들에게 손을 씻으라고 일러 준다. 얼핏 보면 동생들을 예뻐하며 잘 챙기는 것 같다. 그러나 학기 초마다 발생하는 사건 전에 보이는 행동 패턴이라는 걸 아는 나로서는, 은선이의 행동을 마냥 따뜻한 눈으로 볼 수 없었다.

　작년 학기 초였다. 1학년 담임선생님이 학생 보호자에게 민원성 전화를 한 통 받았다. 학교에서 어떤 언니가 괴롭혀서 아이가 학교에 가기 싫어한다는 내용이었다. 앞뒤 사정을 알아보니 이랬다. 쉬는 시간에 은선이가 1학년 학생을 학교 뒤편으로 데려가서는 앉았다 일어서기를 반복하게 했다. 복도에서 뛰었다는 이유로 꿀밤을 주고, 똑바로 하라며 소리도 질렀다. 다행히 민원 전화를 한 보호자는 은선이가 특수교육 대상자인 걸 알고, 잘 지도해 달라는 말로 일을 마무리했다. 이 일로 은선이는 크게 혼나고 (이럴 때 보면 선생님이 두 명인 은선이가 안됐다. 한 번 혼날 일을 두 번 혼나니 말이다.) 1학년 동생에게 사과했다. 결국 은선이가 동생들에게 지나치게 관심을 보인 뒤에 문제가 생긴 것이다.

은선이가 이와 비슷한 행동을 다시 보인 날은 많은 학생들이 손꼽아 기다린 스포츠 리그전이 열린 때였다. 1학년부터 6학년까지 모든 학생을 총 여섯 두레로 나눠 티볼과 축구 같은 경기를 했다. 고학년을 중심으로 두레별 필승 전략이 세워졌다. 저학년은 주로 응원을 맡고, 고학년은 선수로 경기에 참여했다. 은선이는 고학년이지만 응원으로 참여했다. 경기가 시작되고 모두 한마음으로 응원했다. 한 경기, 두 경기, 점점 결승을 향해 갈수록 열기가 더했다. 그런데 단 한 사람, 은선이는 그 열기에서 제외였다. 슬슬 흥미를 잃었는지 평소에 자기가 잘 챙기는 동생의 두레와 자기 두레를 오갔다. 급기야 어느 틈엔가 레이더망에서 벗어난 은선이가 1학년 동생을 꼬집고 어깨빵(!)을 하고 있었다. 1학년 학생은 훌쩍훌쩍 울었다. 동생의 울음에 꽤 당황했는지 유유히 사건 현장을 떠나려던 은선이가 나와 눈이 딱 마주쳤다. 그 길로 은선이를 교실로 데려갔다.

"은선아, 동생이 왜 울지?"

"……."

"동생 꼬집고 때리는 것 선생님이 봤는데, 맞니?"

"……."

은선이는 입술을 꾹 다문 채 아무 말도 하지 않았다. 이따금 눈을 흘겼다가 내 눈치를 볼 뿐이었다. 침묵하는 은선이가 이해되기도 했다. 비슷한 상황을 벌써 여러 번 겪은 터라 의례적인 말을 하기는 저도 시원찮을 터였다. 그렇다고 그냥 넘어갈 수도 없는 노릇이었다. 우리 둘 다 아무 말 없이 시선을 땅에 떨구고 한참 마주 서 있었다. 그때 한 번도 해 보지 않은 질문이 떠올랐다.

"은선아, 선생님은 네 마음이 궁금해. 어떤 마음 때문에 동생을 때렸을까?"

질문의 뜻을 제대로 이해했는지, 그 순간 입을 삐쭉삐쭉하던 은선이 얼굴이 금방이라도 울 기세로 일그러졌다. 나는 아무 말 없이 기다렸다. 한참 지난 뒤 개미보다 작은 목소리로 은선이가 뭔가를 말했다. 너무 작은 소리라 들을 수 없었는데, 큰 소리로 말하라고 다그치면 입을 영영 다물어 버릴 것 같아 두려웠다. 그래서 책상 위에 있던 이면지를 건넸다. 방금 한 말을 써 달라고 했다. 이면지를 받아 들고 털레털레 자기 자리로 가더니 단숨에 몇 자를 써 왔다.

'놀자서 안 놀아.'

특수교사로 일하다 보면 한글을 완전히 익히지 않은 학생들의 말과 글을 해석하는 능력이 생긴다. 이 여섯 글자의 뜻은 "놀자고 했는데, 안 놀아요."다. 나는 은선이가 들고 있는 종이를 선뜻 받지 못하고 여섯 글자를 속으로 곱씹었다. 여섯 글자가 내 마음을 쪼갰다. 은선이가 손을 뻗어 건넨 종이와 차마 그걸 받아 들지 못하는 나 사이, 그 작은 틈으로 아픈 마음이 고스란히 전달되는 것 같았다.

그렇다. 은선이는 너무 외롭다. 은선이를 괴롭히는 친구는 없지만, 딱히 살갑고 친하게 대하는 친구도 없다. 같은 반 친구들에게 은선이는 지저분하고, 귀찮고, 알아들을 수 없는 말만 하는 투명 인간일 뿐이다. 그래서 자신을 잘 알지 못하는 동생들에게 다가간다. 자기 존재를 드러내고 인정받고 싶어서 다가가는데, 동생들도 이내 언니가 언니 같지 않은 걸 알아채고 손길을 뿌리친다. 그럼 은선이는 그 거절을 감당하지 못해 돌변한다. 다정한 모습으로 다가갔다가 폭력을 휘두르게 되는 것이다. 은선이 마음을 온전히 다 알 수는 없지만, 나도 학창 시절에 따돌림을 당해 봐서 조금은 이해가된다. 일주일이라는 짧은 기간이었지만 수다 떨고, 놀고, 밥먹고, 집에 갈 때 함께할 친구가 없다는 사실이 정말 말로 표현할 수 없을 만큼 외롭고 괴로웠다. 그런데 그 외롭고 괴로운 학교생활이 일상인 은선이는 얼마나 속이 상할까 싶었다.

은선이는 저만의 분명한 이유가 있었다. 그걸 안 이상나는 어떤 말도 할 수 없었다. 어떤 말이 은선이의 마음에 닿을지 몰랐기 때문이다. 그때 마침 모니터에 붙여 둔 메모지의 '행동보다 감정에 집중하기'라는 다짐이 눈에 들어왔다. 행동은 마음을 담아낸 그릇이다. 마음의 모양은 생각하지 않고 행동의 모양이 왜 그러냐고 다그친 나에게서 연민이 올라왔다. 이날 이후 은연중에 내가 가진 편견을 돌아보게 되었다. 잘못된 편견으로 알게 모르게 저지르는 폭력이 있지 않은지 살펴보게 되었다.

장애와 상관없이 우리는 다 자란다. 저마다 다른 모양과 빛깔로, 저마다 다른 속도로. 행동의 모양을 다그치기보다 마음의 모양을 먼저 보는 선생님, 그 마음의 모양을 잘 다듬고 어루만져 주는 선생님이 되고 싶다. 아이의 고운 마음 모양이 나 때문에 흐트러지는 일은 없기를 간절히 바라 본다.

일부러 넘어지는 마

누구나 살면서 한 번쯤은 넘어질 것이다. 어린 시절 말괄량이에 개구쟁이였던 나는 참 많이도 넘어졌다. 넘어져서 피가 나고 딱지가 앉아 애먹을 때마다 엄마한테 위험한 데서 너무 빨리 뛰지 말라는 말을 들었고, 그때마다 손가락 걸고 도장을 찍었지만 그때뿐이었다. 그래서 나는 유난히 무릎 훈장이 많다. 청소년기를 벗어나고는 넘어져서 무릎을 다치는 일은 거의 없어졌다. 그 대신 불같은 성격, 급하고 불의를 못보는 성격 탓에 마음이 넘어지는 날이 많다. 그런 날이면 신기하게도 마음 틈이 벌어지고, 숨 쉴 때마다 그 틈이 아렸다. 그러고 보면 사람은 넘어지면서 자라는 것 같다. 어릴 땐 몸이, 자라고는 마음이 넘어지면서 말이다.

상처가 나든 말든 아이들은 뛰어노는 걸 참 좋아한다. 우리 들꽃들도 그렇다. 점심시간 1분 1초가 아까워서 점심밥을 마시다시피 하는 걸 보면 "천천히 먹어라.""밥 다 먹고 나가라." 잔소리가 나온다. 하지만 어릴 적 나하고 다를 게 없으니 그냥 눈감는 날도 많다. 뛰어노는 게 얼마나 좋을까? 그저 뛰어놀기만 해도 재미있을 때가 아닌가? 점심 식사 뒤 교실에서 아이들이 뛰노는 창밖 풍경을 볼 때면 교사 되길 잘했다는 생각이 든다.

상민이는 지적 장애가 있다. 제 나이보다 1년 늦게 학교에 들어왔지만, 키가 또래보다 한 뼘 이상 작았다. 말도 많이 느려서 주로 몸짓이나 소리 없는 울음으로 자기 생각을 표현했다. 처음 학교에 올 때는 낯선 환경이 무서웠는지 울며불며 학교에 안 간다고 해서 할아버지 손에 끌려오다시피 등교했다. 사탕과 초콜릿, 캐릭터 장난감, 블록 놀이, 칭찬 세례로 꼬드긴 끝에야 겨우겨우 학교에 적응했다. 그런데 막상 적응하고 보니 친구를 좋아하고 애교가 넘치는 귀여운 개구쟁이이였다. 상민이의 독특한 몸짓에 학교의 모든 선생님이 녹아내렸고, 고학년 누나·형들의 귀염도 독차지했다.

어느 날 창밖에서 유난히 깔깔대는 소리가 났다. 창가로 가서 보니 상민이와 그 반 학생들이었다. 얼음땡 놀이를 하는데 좋게 말해 '함께' 노는 것이지, 깍두기인 상민이는 아무도 잡지 않고 살려 주지도 않았다. 친구들 노는 틈에서 깔깔거리며 뛰어다닌다고 말하는 편이 정확할 것 같다. 그래도 상민이는 무척이나 신나 보였다. 곧 숨이 넘어갈 듯한 웃음소리로 운동장이 가득 찼다. 보는 나까지 행복했다.

그때였다. 상민이가 "아이고!" 소리를 내며 바닥에 풀썩 넘어졌다. 어디에 걸린 게 아니라, 저 혼자 넘어졌다. 하지만 그걸 모르는 마음씨 좋은 1학년 여학생들이 상민이에게 몰려가 괜찮냐고 물으며 일으켜 줬다. 손바닥과 몸에 붙은 풀을 털어 주면서 살뜰히 챙겼다. 상민이는 아이들의 관심이 싫지 않은지 아프다는 표정 연기를 했다. 곧이어 얼음땡 놀이가 다시 시작되고, 상민이가 친구들 사이를 신나게 웃으면서 뛰어다녔다. 그리고 얼마 지나지 않아 또다시 넘어졌다. 이번에도 분명히 저 혼자 넘어졌지만, 역시 마음씨 좋은 여학생들이 상민이를 일으켜 주었다. 그리고 또⋯⋯. 이젠 거의 자동이었다. 상민이가 넘어지는 순간은 더 빨리 찾아왔고, 상민이가 일부러 넘어지는 놀이 중이라는 걸 간파한 친구들이 넘어진 상민이를 더는 일으켜 주지 않았다. 얼음땡 놀이를 계속 하면서 "상민아, 일어나!" 하고 외칠 뿐이었다.

이런 장면을 보면서 나는 참 '웃프다'는 생각이 들었다. 넘어진 채로 한참 있던 상민이가 친구들이 더는 오지 않자 저 스스로 일어났고, 아무 일 없다는 듯 친구들이 노는 곳으로 뛰어갔다. 그리고 그 뒤로는 한 번도 넘어지지 않았다. 역시 상민이가 일부러 넘어진 것이다.

이날 오후 내내 상민이가 넘어진 채로 두리번거리던 모습이 내 머릿속을 떠나지 않아 일이 제대로 안 됐다. 친구들의 관심을 받고 싶어서 일부러 넘어지던 상민이의 마음이 어땠을지 가늠조차 할 수 없었기 때문이다. 자꾸 넘어지다 더는 친구들이 일으키러 오지 않았을 때 마음이 어땠을지도 궁금했다.

아이들은 함께 놀면서 익숙해진다. (아직 멀었지만) 차이에 대한 인식은 조금씩 조금씩 개선되는 반면, 그런 인식을 반영해 함께 어울릴 만한 놀이는 상대적으로 너무 빈약하다. 장애 여부, 가정환경, 성별 등 저마다 조건이 어떻든 서로 존중하고 존중받으면서 함께할 수 있는 놀이가 다양하게 개발되면 좋겠다. 그럼 아이들은 놀이를 통해 자연스레 차이와 존중을 배우게 될 것이다.

상민이의 할리우드 액션을 본 뒤로 학생들에게 친구 사귀는 법을 가르치기 시작했다. 그림책을 읽어 주고 설명도 하면서 차근히 가르쳤다. 상민이네 반 친구들을 특수학급에 초대해 여러 활동을 같이 하면서 친구가 생기도록 도왔다. 내 작은 노력 그리고 친구가 있기를 바란 상민이의 마음이 간절한 덕분인지 상민이에게 여자 친구, 남자 친구 한 명씩 단짝 둘이 생겼다. 조금 느려도 자기만의 속도로 성장하는 이 셋은 외롭지 않아 보였다. 쉬는 시간에 끈끈하게 뭉쳐 종이접기를 하고, 점심시간이면 잡기 놀이를 했다. 가끔은 서로 목소리를 높여 울지만, 그마저도 참 대견하고 다행스럽게 보인다.

"상민아! 일부러 넘어지지는 마. 선생님이 살다 보니까,

넘어지기 싫어도 넘어지게 되는 일이 넘치고 넘치더라. 너희
삼총사, 서로 돕고 의지하며 잘 지내고 있지? 보고 싶다."

유니버설 디자인을 부탁해

이 책을 읽는 분들은 슬슬 나이가 든다고 느낄 때가 있는지 궁금하다. 나는 있다. 30대 중반을 넘어서니 휴대전화를 바꾸면 적응하는 데 꽤 많은 시간이 걸린다. 도통 사용법을 잘 모르겠다며, 산 지 얼마 안 된 전화기를 (침대 위로) 내던진 적이 있다. 쓴 지 5년 가까이 된 휴대전화에 음원을 넣을 줄 모르고, 클라우드 사용법도 모른다. 분명 어떤 기종이든 두려움 없이 자유자재로 다루던 때가 있었는데…….

(학생마다 다르지만 대개) 지적 장애 학생들의 학습 특성 중 '일반화가 어렵다'는 것이 있다. 일반화란 새로 습득한 기술을 다른 장소, 다른 조건, 다른 사람에게 적용하거나 시간이 지나도 유지하는 기술이다. 즉 지적 장애 학생들은 지식

과 기술을 새로운 과제나 대상이나 자극 상황에 적용하는 데 어려움을 겪는다. 그래서 특수교사들은 학생들이 여러 환경에서 다양한 대상에게 배운 것을 수행해 보도록 일반화 교육을 진행한다.

나도 학생들이 배운 내용을 일반화해 활용할 수 있도록 수업을 계획하는 편이다. 예를 들면, 태블릿으로 사진 찍어 전송하는 기능을 가르친다. '카메라 모양 앱 찾기 → 사진 찍기 → 앨범에 들어가 사진이 제대로 찍혔는지 확인하기 → 카카오톡 앱 찾기 → 사진 보낼 사람 선택하기 → 왼쪽 아래 플러스 버튼을 눌러 앨범에서 사진을 선택해 전송하기'를 여러 시간에 걸쳐 연습시킨다. 먼저 교실에서 선생님에게 카톡 보내기를 연습한 뒤 과제로 기종이 다른 가족 휴대전화로 사진 보내기, 친구에게 사진 보내기 등 배운 내용을 활용하고 응용하도록 하는 것이다.

학생들에게 가르쳐 주고 싶은 것은 너무 많다. 그러나 교실이라는 공간은 배운 내용을 일상생활에서 잘 활용하는지 점검하기에 너무 제한적이다. 이런 면에서 현장 체험 학습은 특수교육 대상자들이 교실 안에서 배운 것을 일반화하고 더 많이 경험해 보기에 좋은 시간이다. 물론 특수교사에겐 고됨이 두 배가 되는 하루다. 비장애 학생들처럼 현장 체험 장소에 데려다 놓고 몇 시까지 모이라고 할 수 없기 때문이다. 학교에서 출발해 도착할 때까지 종일 (화장실까지) 학생들을 따라다니며 가르치고 살펴야 하니 피로도가 높을 수

밖에 없다. 그런데도 많은 특수교사가 현장 체험 학습을 계획하는 것은 학생들에게 더없이 좋은 교육이기 때문이다.

한번은 전교생이 기차를 타고 현장 체험 학습을 다녀왔다. 현장 체험 학습은 매번 버스를 이용했으니, 기차를 타고 다녀온다는 사실만으로도 학생들은 신이 났다. 전교생이 함께 움직이는 날 특수교사는 특수학급 학생들을 모르는 척하는 것이 사랑법이기 때문에, 나는 학생들 가까이에서 조용히 학생들에게 꼭 도움이 필요할 때만 지원했다. 현장 체험 학습을 가기 전에는 기차표를 보고 자리 찾는 방법, 화장실 가는 방법 등을 꼼꼼하게 가르쳤다.

현장 체험 학습을 무사히 마치고 학교로 돌아오는 기차 안, 밖에서 한참 뛰어논 학생들이 피곤하지도 않은지 통으로 빌린 기차의 끝에서 끝을 오가며 신나게 노느라 정신이 없었다. 나는 하루가 거의 마무리되었다는 생각에 긴장이 풀렸는지 졸려서 눈이 스르르 감기는 것을 참느라 애쓰고 있었다. 그때 우리 반 들꽃이 화장실에 가려는지 처음으로 자리에서 일어났다. 기차 화장실은 한 번도 이용해 보지 않았지만, 평소 학교에서 혼자 화장실을 잘 이용하는 편이라 크게 도울 일은 없을 것 같았다. 그래서 좌석 옆으로 고개만 내밀고 들꽃이 화장실 가는 것을 지켜보았다. 솔직히 일어나서 같이 가기에는 내 체력이 너무 떨어져서 피곤한 상태였다. 화장실에 들어가는 것을 본 뒤 나도 모르게 눈이 감겼다.

그때 학생들이 깔깔거리는 소리가 들렸다. 눈을 번쩍

떠 보니 들꽃이 막 들어간 화장실 앞에서 몇몇이 웃고 있었다. 뭔가 잘못되었다고 직감한 내가 자리를 박차고 일어나 그 앞으로 갔다. 아뿔싸! 들꽃이 기차 화장실 이용법을 잘 몰라서 실수를 했다. 문을 잠그지 않은 채 화장실을 이용했고, 그걸 알아챈 짓궂은 학생들이 볼일 보는 들꽃을 놀리려고 화장실 문의 열림 버튼을 누르는 장난을 하고 있었다.

머리끝까지 치솟은 화를 주체하지 못한 내가 목청에서 낼 수 있는 가장 큰 소리로 그 학생들에게 소리를 질렀다.

"지금 너희 뭐하는 거야?"

내가 화내는 모습을 한 번도 못 본 녀석들이 흠칫 놀라는 눈치였다. 더군다나 기차가 아닌가? 기차 복도에 내 목소리가 쩌렁쩌렁 울려서 더 크게 들렸다. (어찌나 목소리가 컸던지 기차 승무원이 놀라서 왔을 정도다.) 마음을 최대한 차분하게 가라앉히고 화장실에 있는 들꽃부터 챙겼다. 들꽃의 울상을 보니 화가 더 올라왔다.

"화장실 이용할 때 문을 잠그라고 선생님이 안 가르쳐 줬어? 문을 잠가야지, 뭐하는 거야?"

"아니……, 문이 안 돼요."

"안 되긴 왜 안 돼! 학교 화장실이랑 달라도 조금만 생각해 보면 되지. 왜 안 해서 이런 놀림을 받아!"

그런데 막상 살펴보니 학교 화장실과 달라도 너무 달라서 나도 어떻게 문을 잠가야 할지 몰라 한참 두리번거렸다. 그러니 우리 들꽃은 얼마나 어려웠을까? 용변 때문에 마음은 또 얼마나 급했을지……. 문이 닫혔으니 문이 잠겼을 거라고 착각할 수 있겠다는 생각도 들었다. 친구들에게 놀림받아 속상한 들꽃을 감싸지는 못할망정 다그치고 있는 내 모습이 그제야 보였다. 다그치기를 멈추고 들꽃을 조용히 안으면서 미안하다고 했다. 내가 미안하다고 하는 이유를 아는지 모르는지, 들꽃이 내 어깨에 기대어 눈물 콧물을 쏟아냈다. 나와 들꽃 앞에서 이러지도 저러지도 못하고 서 있는 학생들과 대화를 시도했다.

"지금 너희가 한 행동이 어떤 건지 알아?"

"……."

"알아? 몰라? 얼른 대답해!"

"알아요. 그런데 저희 아무것도 안 했어요."

"아무것도 안 했다고? 네가 화장실에 있는데 선생님이 문 열었다 닫았다 하면 어떨 것 같아?"

"○○○이 화장실 문 안 잠그고 썼잖아요."

"○○이가 화장실 문을 잠그지 않은 건 잘못이야. 그런데 잘 몰라서 그럴 수 있다고 이해하지 못 해? 같은 반을 5년 넘게 했으면서?"

"이해해요."

"선생님이 이번 일 그냥 넘어가지 않을 거야. 학교에 가서 다시 얘기하자."

겨우 마음을 가라앉히고 자리에 돌아와 앉았다. 그제야 내가 진짜 화난 이유가 보였다. 실은 화장실 문을 잠그지 않은 들꽃이나 화장실 문을 여닫으며 곤란하게 한 학생들 때문이 아니었다. 기차에 탈 때부터 화장실 문이 자동이고 학교 시설과 다르다는 것을 충분히 알고 있었다. 그런데도 들꽃이 화장실에 갈 때 피곤하다는 이유로 자리에 앉은 채 지켜보기만 하면서 '○○이가 잘한다'고 은근히 합리화한 나 자신에게 화가 난 것이다. 결국 다음 날 학교에서는 너무 큰 소리를 친 것에 대해 학생들에게 사과했다. 다행히 학생들도 잘못한 걸 인정하고 들꽃에게 진심으로 사과했다. 이 일을 통해 장애 학생들의 '일반화'에 대해 다시 생각해 보게 되었다.

이 세상에는 가르쳐야 할 것이 너무 많다. 나와 학생들에게 주어진 시간은, 들꽃들이 독립적으로 살아가도록 가르치기에 너무나 부족하다. 특히나 가정적 기반이 약해서 보호자가 적극적으로 지원할 수 없을 때는 더욱 그렇다. 그러니 사회가 함께 고민하면 좋겠다. '유니버설 디자인'에 대해서 말이다. 어린이, 노인, 외국인, 장애인 등 사회적 약자가 직관적으로 해석하고 이용할 수 있는 디자인 말이다.

우리 주변에서 흔히 볼 수 있는 유니버설 디자인이 레버식 손잡이나 저상버스다. 유니버설 디자인은 말 그대로 모든 사람을 위한 디자인이다. 처음에는 고령자나 장애인 등 신체가 불편한 사람들이 편리하게 생활하는 데 초점을 맞췄는데, 지금은 누구나 공평하고 편리하게 사용할 수 있도록 디자인하는 것으로 초점이 옮겨 가고 있다. 사회적 약자에 대한 인식이 많이 달라져서 새로 짓는 건축물에도 유니버설 디자인을 많이 반영하는 추세다. 그래도 아직 발달장애인을 고려한 유니버설 디자인은 많지 않다. 발달장애인도 우리 사회의 구성원으로 인식하고, 누구나 쉽게 이해할 수 있는 직관적인 표지판과 좀 더 쉬운 언어로 표현된 설명서가 많이 보급되면 좋겠다. 이런 시도가 신체 및 감각 장애인은 물론이고 발달장애인도 자립적으로 생활하는 데 기틀이 될 것이다. 우리 사회가 조금만 더, 한 번만 더 약자의 자리에서 고민하고 설계하고 만들기를 간절히 바란다. 약자가 살기 좋으면 누구나 살기 좋아진다.

4부
우리가
함께 자란 시간

"선생님, 저 못해요."
"선생님, 도와주세요."
들꽃들이 자주 하는 말이다. 스스로 해 보려고 하기 전에
습관적, 자동적으로 '못 한다'는 말부터 한다.
아마 지금까지 살면서 숱한 실패와 좌절을 겪은 탓일 테다.
실패가 잦다 보니 학습된 무기력에 빠져, 시도도 하기 전에
실패하리라고 생각하거나 타인에게 의존하려는 경우가
자주 있다. 특수학급과 특수교사는 이런 학생들에게
성공의 기회를 높이고 학습된 무기력에서 빠져나와 자기 자신을
있는 그대로 인정하고 주체적으로 살도록 돕는다. 들꽃들은
순간순간 자란다. 이들이 할 수 없다는 편견을 깨고
자라난 이야기, 보란 듯이 그 편견을 무너뜨린 씩씩함과
용기에 관한 이야기가 있다.

존중과 방임의 아주 작은 차이

　나는 새로운 것에 호기심이 많다. 음식, 장소, 활동, 물건……. 새로운 것은 흥미와 호기심, 도전하고 싶은 마음을 불러일으킨다. 그래서 해가 갈수록 나에게 특수교사라는 직업이 딱이라고 생각한다. 예측할 수 없는 학생들 덕에 하루하루가 새롭기 때문이다. 그러나 아쉽게도 학생들은 나와 반대인 경우가 많다. 새로운 것에 대한 두려움과 거부감이 있다. 특히 자폐성 장애 학생은 반복적인 일과와 활동을 고집하고, 정해진 틀에서 벗어나면 극도로 불안해한다. 또한 특정 감각의 예민도에 따라 한 가지 반찬만으로 세끼를 먹는 경우, 심하게 해져서 버려도 될 법한 옷을 입겠다고 고집하는 경우도 있다.

대부분의 학교에서 현장 체험 학습을 가기 전에는 학습 효과를 높이고 안전사고에 대비하기 위해 사전 교육을 한다. 새로운 것을 두려워하는 학생이라면 사전 교육이 특히 더욱 중요하다. 교직 경력이 얼마 되지 않은 특수교사는 사전 교육을 무시했다가 땀이 삐질삐질 난 경험이 한두 번쯤 있을 것이다. 예측 불가! 갑자기 고집 부리기의 끝장을 보이는 학생이 샛별처럼 등장해 온 기운을 다 빨아 없애 버린다. 그 대상이 새로운 음식이든, 활동이든, 장소든, 그 무엇이든 불같은 경험을 치르고 나면 사전 학습을 꼭 하게 된다. 학생들에게 새로운 것을 설명하고, 보여 주고, 간접적으로라도 체험하게 하는 것이다. 사실 처음에는 잘 몰랐다. 교실에서 잘하던 아이가 체험 학습만 가면 왜 다 싫다며 드러눕는지, 음식을 먹지 않고 왜 배부르다고 하는지, '왜' '무엇 때문인지' 이해가 안 되었다. 그러나 새로운 것에 두려움과 거부감이 있다는 것을 알고는 이해할 수 있었다. 성향이나 성장 환경, 장애 유형에 따라서도 이유는 제각각이다. 지적 장애 학생은 학습된 무기력 때문에 새로운 것을 두려워할 수 있다. 자폐성 장애 학생은 장애 특성상 예측할 수 없는 활동을 좋아하지 않기도 한다.

내가 처음 부임한 학교는 사계절 체험 학교를 진행했다. 동장군이 무섭게 기세를 떨치던 어느 겨울, 전교생이 빙상경기장에 갔다. 이때 은선이가 스케이트장에 가는 버스를 타면서부터 "나는 안 타야지."를 무한 반복했다. "그래, 타고 싶지 않으면 안 타도 돼." 안심하도록 분명히 말해 줬어도 버스에서 내려 다른 친구들이 빙판에 서는 것을 볼 때까지도 안 타겠다는 말을 반복했다. 같은 말을 여러 번 들으니 조금 짜증이 났다. 지겹게 예고한 대로 은선이는 스케이트를 신지 않았다. 다른 친구들이 스케이트 강습받는 모습을 경기장 밖 벤치에서 지켜보았다.

그러다 스케이트 단체 강습이 끝나고 강사님이 자유 시간을 주셨을 때, 신나고 자유롭게 스케이트를 타는 친구들이 부러운 눈치였다. 벽에 기대어 서서 친구들에게 재미있냐고 물었다. 금쪽같은 자유 시간으로 스케이트 삼매경에 빠진 친구들에게 그 질문이 들릴 리 없었다. 은선이는 심통이 났다. 잠시 쉬러 나온 동생들에게 괜히 시비를 걸고 다녔다. 그때 아차, 했다. 은선이가 스케이트를 타지 않겠다고 한 이유를 생각해 보지 못했다. 혹시 스케이트가 무서워서 그랬다면 잘 달래서 딱 한 바퀴만이라도 손잡고 돌아볼걸…… 자책하는 내 마음에 불을 지피려는지, 빙상 체험을 마치고 학교로 돌아가는 내내 은선이가 "나는 안 탔어."를 무한 반복했다. 서운하다는 말의 다른 표현이다.

이 일로 내 교육 방침에 작은 변화가 생겼다. 존중과 방임의 아주 작은 차이를 알았기 때문이다. 그동안 내가 존중이라는 명목으로 방임하지는 않았는지 돌아보았다. 학생이 뭔가를 하지 않겠다고 할 때 이유를 묻고, 그 마음을 이해하고 공감한다면 존중하는 태도다. 그러나 학생이 뭔가를 하지 않겠다고 할 때 무조건 받아들이고 원하는 대로 하게 둔다면 방임에 해당한다. 학생에게 성공할 기회도, 실패할 기회도 주지 않으면 방임이다. 성공 경험은 참 중요하다. 무언가에 도전하고, 인고 끝에 이뤄 냈을 때 얻어지는 뿌듯함과 지워지지 않는 기쁨은 겪어 본 사람만 안다. 잦은 실패로 학습된 무기력 상태에 있는 아이라도 과제 분석을 통해 목표에 천천히 도달하게 하면 이런 성공의 기쁨을 누리게 할 수 있다.

한편 성공 경험 못지않게 중요한 것이 실패 경험이다. 실패 경험은 내 한계를 알아 가는 것이고, 내 한계를 알면 내가 스스로 할 수 있는 일과 누군가의 도움을 받아야 할 일을 명확하게 인지한다. 장애인이든 비장애인이든 혼자서는 살수 없다. 어느 정도 서로 도움을 주고받으며 함께 살아가는 것이 세상의 이치다. 따라서 내 가능성과 한계를 알면 주체적으로 살아가는 데 큰 도움이 된다. 이런 인식에 기초해 내교육 방침이 변하면서 들꽃들은 몇 가지 괴로운 경험을 감당해야 했다. 작게는 김치를 맛봐야 했고, 크게는 119 안전 체험관에서 낙하 훈련에 참여해야 했다.

다음 해에도 겨울 체험 학교가 열렸고, 전교생이 빙상 경기장에 갔다. 그 전날 우리 반 학생들과 오순도순 머리를 맞대고 김연아 선수의 경기 영상을 봤다. 예쁜 걸 좋아하는 은선이가 역시 예상대로 그 영상을 보고 좋아했다. 자기도 치미 입고 스케이트를 타고 싶다며 체험 학습 때 치마 입어도 되냐고 물었다. 은선이 옷 중에 쫄바지 위에 프릴이 치마처럼 달린 게 생각나서, 그걸 입으면 예쁠 것 같다고 말해 주었다. 내 답이 마음에 들었는지 은선이가 좋아했다.

"은선아, 너 내일 정말 스케이트 탈 거야? 작년에 무섭다고 안 탔잖아."

"저 안 무서워요. 치마 입으면 돼요."

"김연아 선수처럼 치마 입으면 탈 수 있을 것 같아?"

"네, 당연하죠."

무슨 논리인지 몰라도, 예쁜 치마가 은선이에게 힘이 되는 것 같았다. 그리고 지난 1년간 담금질을 한 덕인지, 습관처럼 내뱉던 '안 한다'는 말이 없었다. 다행이었다.

빙상경기장에 가는 날 아침, 프릴 달린 옷을 입은 은선이가 보였다. 김연아 선수처럼 예쁘다고 칭찬하기 위해 다가갔다. 그런데 나를 피한다! 내가 부르면 못 들은 척 반대편으로 뛰어가고, 가까이 가면 화장실에 다녀온다며 도망갔다. 막상 스케이트를 타려니 무서운 눈치였다. 그래도 나는 물러설 생각이 전혀 없었다. 단호했다. 여기서 포기하면 1년 전과 똑같은 상황이 펼쳐질 게 불 보듯 뻔했기 때문이다. 도망 다니는 은선이를 모르는 척하며 천연덕스럽게 굴었다. 다른 학생들과 스케이트 체험이 너무 재미있겠다며 너스레도 떨었다. 은선이는 반응이 없었다. 계속 콧노래를 부르면서 나를 모르는 척했다.

은선이에게만 유독 야속한 버스가 20분 남짓 달려 빙상경기장에 도착했다. 신나는 마음으로 버스에서 폴짝폴짝 뛰어내리는 친구들과 달리 은선이의 발걸음은 천근만근이었다. 그리고 시작된 은선이의 자기 주문!

"이건 타고 싶은 사람만 타는 거야. 타고 싶지 않으면 앉아서 기다리면 돼."

새로운 도전 앞에서 두렵고 떨리는 마음은 충분히 이해되었다. 그러나 시도하지도 않고 포기하겠다는 건 받아들일 수 없었다. 은선이가 같은 말을 반복해도 나는 등을 토닥일 뿐 아무 대답도 하지 않았다. 묵묵히 스케이트와 장갑을 챙겨 들었다. 단호한 내 태도에 본능적으로 불안을 느꼈는지 은선이가 자기 주문을 바꿨다.

"딱 한 번만 타면 돼. 한 번 타고 쉬고 싶은 사람은 쉬면 돼."

"그래, 은선아. 막상 스케이트 타려니까 많이 무섭지? 은선이 마음 충분히 알겠어. 그런데 선생님이랑 손잡고 딱 한 바퀴만 타 보자. 한 바퀴 타 보고 재미없으면 쉬어도 괜찮아."

강사님이 앞으로 가는 방법과 멈추는 방법을 가르쳐 주었다. 은선이와 내가 같이 넘어지면서 기초 훈련을 받았다. 사실 기초 훈련이라기보다는 벽을 잡고 서 있다 넘어지고, 서 있다 넘어지고 했다는 것이 더 정확한 표현이다. 기초 훈련을 받는 동안 은선이는 벽에서 손을 한 번도 떼지 않았고, 한 발도 스스로 내딛지 못했다. 그러나 그 모습도 대견했다. 드디어 자유 시간! 학생들이 기다렸다는 듯 총알같이 튀어

나갔다. 정말 잘 타는 학생도 있고, 몇 걸음 움직이지 않아 엉덩방아를 찧는 학생도 있었다. 그래도 모두 행복하고 즐거운 표정이었다. 단 한 사람, 우리 은선이만 빼고……

삐죽삐죽하며 서 있는 은선이의 손을 잡았다.

"은선아, 선생님하고 딱 한 바퀴만 타자! 그리고 나서 더 탈지 그만 탈지는 은선이가 선택해."

"아니, 하기 싫다고요."

우리 은선이 특기인 반항이 시작됐다.

"은선아, 딱 한 바퀴야. 넘어져도 괜찮아. 다시 일어나면 돼."

"넘어지면 아파요."

"넘어지면 당연히 아프지. 그런데 선생님이 같이 넘어질 거야. 절대 은선이 손 안 놓을게. 그러니까 딱 한 바퀴만 타자. 한 바퀴 타고는 더 타자고 안 할 거야."

"아, 나."

"한 바퀴 타는 거다?"

"네……"

아싸, 이겼다!

우리는 스무 번 넘게 넘어져 가며 한 바퀴를 돌았다. 그리고 내가 아닌 은선이의 선택과 의지로 두 바퀴, 세 바퀴, 네바퀴, 다섯 바퀴를 돌았다. 바퀴 수가 늘어날수록 삐죽삐죽하던 은선이의 얼굴이 조금씩 풀리고 옅은 미소가 번졌다. 성취감을 느껴 본 자만 낼 수 있는 값진 표정이었다. 그런 얼굴을 마주하니 가슴이 뭉클하며 코끝이 찡했다.

다섯 바퀴를 도는 동안 둘이 합쳐 못해도 백 번은 넘어졌다. 그리고 다섯 바퀴를 도는 동안 둘이 합쳐 못해도 백한 번은 더 일어섰다. 그렇게 스케이트를 탔다. 위험해서 탈 수 있겠느냐는 편견과 무서워하면 억지로 시키지 말라는 나약함을 깨고 스케이트를 탔다. 해냈다. 우리 들꽃들도 충분히 할 수 있다. 사실 이 세상 모든 일, 별것 아니다. 다만 좀 더 많은 시간이 걸리고 좀 더 많이 넘어지겠지만, 괜찮다. 좀 더 많이 일어나면 된다. 그럼 언젠가 해낸다.

가끔 통합학급 선생님한테 듣는 말이 있다.

"선생님, ○○이는 우리 교실에서 할 수 있는 게 아무것도 없어요. 특수학급에 있는 편이 ○○이한테 더 도움이 될 것 같아요."

사실 이런 말을 들을 때마다 마음이 아프다. 정말 할 수 있는 게 없을까? 아니면, 할 수 있는 기회와 시간을 충분하게 주지 못했을까? 물고기에게 하늘을 날아 보라고 할 수 없듯이, 비장애 학생들과 똑같은 방식으로 뭔가를 하게 하면 장애 학생이 할 수 없는 것이 맞는다. 그러나 '이 없으면 잇몸'이라는 말처럼 장애 학생이 할 수 있는 방식으로 바꿔 주면 장애 학생도 할 수 있다. 은선이가 넘어진 것처럼 좀 많이 넘어지면서 배운다는 사실을 알고, 더 많은 시간을 주면 된다. 교사가 그 시간을 함께해 주면 된다. 함께 견디고 함께 넘어졌다 일어서면 된다.

다음 날 아침. 내가 아주 멋진 훈장을 몸에 품고 출근했다. 군데군데 퍼런 멍과 욱신거리는 근육통 말이다. 온 삭신이 어찌나 쑤시는지 겨우겨우 출근했다. 1교시 수업 시간에 은선이가 어기적거리며 특수학급 문을 열었다. 그렇다. 은선이도 아주 멋진 훈장을 몸에 품고 학교에 왔다. 근육통으로 어기적거리는 서로의 모습을 보며 우리만 아는 어제의 감정을 담아 피식 웃었다.

"얘들아, 오늘도 같이 넘어져 보자. 그리고 같이 일어서자."

우리만의 속도로 즐겁게

선선한 가을바람이 차가운 겨울바람으로 바뀔 때쯤이면 학교마다 한 해를 마무리하며 학예 발표회(또는 학습 발표회)를 연다. 요즘은 학급별로도 많이 하고 한 해 걸러 열기도 하지만, 내가 학교 다닐 땐 학예 발표회가 엄청 큰 행사 중 하나였다. 형식이 달라도 학예 발표회는 한 해 동안 배운 것을 친구와 가족 앞에서 발표하며 성취감을 느끼고 격려받는 자리다.

학예 발표회가 얼마 남지 않은 날이었다. 전교생이 100명을 넘지 않는 작은 학교라 언제나 피날레는 전교생 합창으로 장식했나. 영어로 합창하던 해, 노랫말이 예쁜 동요로 합창하던 해도 있다. 이때는 동요 〈다섯 글자 예쁜 말〉을 작은 손유희와 함께 부르기로 했다. 각자 학급에서 노래와 손유희를 연습하다 학예 발표회를 1주일 정도 남기고는 전교생이 강당에 모여 함께 연습했다. 나도 우리 들꽃들을 보러 담임 선생님에게 양해를 구하고 교실을 찾았다. 들꽃들이 하는 모습을 보고 교실에서 따로 '과외'를 해야 하기 때문이다. 내가 말하는 과외는, 해당 학년 교실에서 배운 내용을 특수학급에서 차근차근 단계를 나눠 천천히 집중적으로 가르치는 것이다. 손유희 순서 익히기, 노래 부를 때 고개 끄덕이는 순서 외우기, 노랫말 익히기 등 해야 할 것이 많다. 천천히 학습하는 들꽃들의 특성상 과외가 꼭 필요하다. 들꽃들의 모습을 지켜본 첫날은…… 음…… 과외 여정이 멀고 길겠다고 생각했다. 음정과 박자는 가볍게 무시하면서 목소리는 제일 컸다. 손유희는 앞 친구보다 반박자 느리고, 노랫말은 미처 다 외우지 못해서 입만 뻐끔거리는 게 눈에 띄었다. 그래도 친구들 틈에서 최선을 다하고 마음껏 즐기는 모습이 예쁘고 사랑스러웠다.

학예 발표회를 위한 합창 연습이 본격적으로 시작되면 들꽃들도 자동 모드다.

"선생님, 다섯 노래 틀어 주세요."

"제목을 정확히 말해야지. 무슨 노래 틀어 달라고?"

"〈다섯 글자 예쁜 말〉."

"그래, 〈다섯 글자 예쁜 말〉 한 번 부르고 공부하자."

일단 들꽃들이 노래를 익혀 다른 친구들과 입 모양을

맞추는 게 내 첫 번째 목표라서, 고개 방향과 손유희쯤은 마구 틀려도 가볍게 넘어간다. 한 달 정도, 수업 시작 전에 노래 연습을 하면 대충 입 모양이 맞을 정도로 노래를 외운다.

"얘들아, 오늘은 선생님이랑 〈다섯 글자 예쁜 말〉에 맞춰 고개 흔드는 연습 한 번 하고 공부하자."

"저는 할 줄 아는데요?"

"저도 아는데요?"

"응, 너희 할 줄 아는 거 알아. 그런데 그날 엄마랑 동생들도 보러 오니까, 더 예쁘고 멋지게 하면 좋잖아? 그래서 좀 더 연습하는 거야. 다른 친구들보다 너희가 더 많이 연습해서 더 잘하라고!"

"그래! 좋아요."

교사를 하다 보면 아무래도 유혹과 협상의 달인이 되는 것 같다.

노래에 맞춰 고개 좌우로 흔들기는 아주 엉망진창이었다. 박자 감각이 없으니, 노래 따로 머리 따로 움직인다. 머리 방향을 맞추면 입 모양이 틀리고……. 어디서부터 가르쳐야 할지, 행복하고도 깊은 고민 속으로 하염없이 빠져들었다. 결국 학예 발표회 때 지휘하시는 선생님께 고개를 같이 흔들어 주십사 부탁하고, 지휘 선생님을 따라 고개 흔드는 방법을 연습했다. 지휘 선생님을 보고 따라 하니 제법 잘한다. 두 번째 단계 성공.

세 번째 단계는 손유희다. 손유희를 다 못 외운 채 친구들이 하는 것을 보고 따라 하려니 반박자씩 느리다. 이것도 들꽃들의 매력이긴 하지만, 손유희를 못 외운 채로 무대에 올라가면 친구들 곁눈질하느라 노래를 놓치고 고개 흔드는 박자도 놓친다. 역시 최선을 다해 할 수 있는 만큼 손유희도 외워야 한다.

"애들아, 오늘은 선생님이랑 〈다섯 글자 예쁜 말〉 손유희 두 번 하고 공부하자."

"좋아요!"

아이들은 공부 시간을 잡아먹는(!) 활동이라면 무조건 오케이다. 선생님의 큰 그림도 모르고…….

이렇게 한 달을 보내고 학예 발표회 날을 맞았다. 단체 티셔츠를 예쁘게 입고 입술을 벌겋게 칠한 들꽃들을 보고 있자니 두근거렸다. 그리고 맨 마지막 합창 시간이 되었다. 우리 들꽃들은 두근거리는 기색이 전혀 없었다.

"한 손만으로도 세어 볼 수 있는 아름다운 말 정겨운 말!"

많은 학생들이 있어도 내 눈에는 들꽃들만 크고 선명하게 보였다. 들꽃들은 최선을 다하고 있었다. 가끔 틀리지만 곁눈질로 친구들을 보며 곧 옳은 자리를 찾아갔고, 그 무리에서 마음껏 즐기고 있었다. 그도 그럴 것이 들꽃들만큼 열심히 성실하게 연습한 학생이 있을까 싶을 정도니. 들꽃들이 즐기는 모습에 마음이 찡했다. 한 달, 수업을 시작하기 전에 짧게는 5분 길게는 10분씩 성실하게 연습한 시간이 떠올랐기 때문이다. 다른 누군가는 특별한 노력 없이 쉽게 배우는 평범한 일들이 장애 학생들에게는 결코 평범하지 않을 때가 많다. 열 번, 아니 100번은 더 연습하고 1주일, 한 달, 1년이 넘게 지나야 겨우 할 만할 때도 있다. 분명한 사실은 때가 되면, 연습이라는 시간의 그릇이 다 차면 분명히 해내고 만다는 것이다.

기회와 시간이 충분히 주어지거나 방법이 조금 바뀌면 들꽃들도 스스로 할 수 있다. 이건 분명한 사실이다. 그런데 현실은, 장애를 이유로 기회와 시간을 충분히 주지 않는다. 왜냐하면 우리 마음 한편에 장애인은 무조건 도와야 한다는 선입견이 있기 때문이다. 어쩌면 학교에서 오랫동안 그렇게 가르쳐 왔는지도 모르겠다. 장애가 있는 친구는 무조건 잘 살펴주고 도와줘야 한다고. 그런데 이런 가르침은 장애인을 수동적인 존재로 격하한다. 세상은 너나없이 서로 도움을 주고받으며 살아간다. 장애인이 비장애인의 도움을 받아야 할 때가 있고, 비장애인이 장애인에게 도움받을 때도 있다. 상호 보완적인 관계라는 것을 가르치지 않으면 장애인은 수동적이고 귀찮은 존재로 낙인찍힐 수밖에 없다. 장애인이 자기 속도로 하는 것을 기다려 주기보다 비장애인이 빨리 해치우는 편이 속 편하다고 생각하는 경향도 있다. 이는 장애인의 기회와 시간을 박탈하는 일이다.

학교를 옮겨 새로운 들꽃들을 만났을 때 일이다. 자폐성 장애가 있는 민호의 손을 꼭 잡고 다니는 특수교육 지도

사가 고마우면서도 마음 한편이 꽤 불편했다. 결국 지도사에게 손을 놓고 민호가 혼자 할 수 있도록 지켜보라고 했다. 지도사는 민호가 교실에 혼자 가 본 적이 한 번도 없으며 화장실도 다 따라다녀야 한다며 어디로 튈지 모르는 아이라고 불안해했다. 그래도 나는 강경하게 민호 손을 놓으라고 요청했고, 고맙게도 지도사가 내 요청을 받아들여 주었다.

정말 민호가 장애가 심해서 교실을 찾아갈 수 없는 걸까, 아니면 기회를 주지 않아서 교실을 찾아갈 수 없는 걸까? 민호의 손을 놓은 그날! 드디어 자유를 얻은 민호는 스스로 통합학급 교실을 잘 찾아갔다. 점심을 먹은 뒤에는 책가방을 들고 스스로 특수학급에 왔다. 그렇다. 민호는 단 한 번도 주도적으로 움직일 기회를 얻지 못했다. 혹시나 학교 밖으로 나갈까, 혹시나 친구에게 해를 입힐까 염려하는 어른의 불안이 장애 학생의 주도성을 존중하지 못한 전형적인 경우다. 지금 민호는 혼자 통합학급과 특수학급을 잘도 오간다. "화장실 가고 싶어요." 말하고 저 혼자 화장실에 갔다가 교실로 돌아오기도 한다.

학생들이 해낼 거라고 믿고 기회를 준 뒤 기다리며 온 마음으로 응원하는 것, 내가 할 수 있는 건 이뿐이다.

"얘들아, 늦어도 우리만의 속도로 즐겁게 가자!"

"턴태미 타라해."

　내가 초등학교에 입학하던 날이 생각난다. 부모님이 사주신 새 옷과 새 가방을 머리맡에 두고 잠자리에 들었지만, 쉬 잠이 오지 않아 한참 뜬눈으로 있었다. 그런데도 아침에는 평소보다 일찍 잠이 깼다. 그날 아침 메뉴도 생생히 기억한다. 소고기 뭇국에 당근을 송송 썰어 넣은 달걀말이, 멸치볶음이었다. 빨리 학교에 가고 싶어서 허겁지겁 먹다가 "체해, 이것아!" 하고 엄마의 잔소리 스매싱을 맞기도 했다.

　빨간색 원피스를 입고, 분홍색 사각 가방을 멘 뒤 엄마 손을 잡고 학교에 갔다. 취학 통지서에 적힌 번호대로 운동장에 술을 섰을 때 엄마는 나를 대견하다는 듯 바라보았고, 나는 잘 해내겠노라는 당차고 자신감 있는 눈으로 엄마를 올려다보았다. 운동장에서 입학식을 마치고 엄마 손에 이끌려 1학년 교실로 갔다. 그렇게 바라던 국민학교 학생이 되었다. (내가 4학년 때 국민학교가 초등학교로 바뀌었다.) 유치원에서 일곱 살 먹은 큰언니였다가 학교에 가니 막둥이가 됐지만, 좋았다. 학생이 되었다는 사실이 나를 설레고 즐겁게 했다. 잠꼬대로 "학교 가야지." 한 적이 있고, 자다 깨서 내복 바람으로 책가방을 메고 신발을 신다 엄마한테 붙잡혀 들어간 적도 있다.

나는 학생이 된다는 게 그만큼 설레었다. 그러나 상민이에게는 공포이자 두려움이었나 보다.

"끅끅, 엄마! 끅끅."

상민이가 입학하던 날 들은 소리다. 상민이는 입학을 한 해 미룬 끝에 학교에 왔지만 한 살 어린 동생들보다 키가 많이 작고, 언어 발달도 꽤 늦었다. 엄마, 밥, 뭐야. 정확히 발음할 수 있는 단어는 이 셋이 다였다. 이런 상민이가 학교에 처음 오던 날 엄마랑 떨어지기 싫다고 세상 무너진 듯 꺼이꺼이 운 것이다. 다음 날도, 그다음 날도 세상이 무너진 것처럼 울었다. 어찌나 애타게 엄마를 부르면서 우는지, 마치 엄마랑 영영 못 볼 생이별 장면이라고 해도 믿을 정도였다. 어떤 날은 학교 가기 싫다고 생고집을 부리다 통학 버스를 놓쳐 택시를 타고 오기도 했다. 그때 상민이의 아침 전쟁이 한 달은 넘게 가겠다고 생각했다.

그런데 웬걸, 문제가 생각보다 쉽게 풀렸다. 담임선생

님과 내가 협동 작전으로 열심히 관심 주기를 했는데, 그게 먹혔다. 본래 밝고 유쾌하며 관심받기를 즐기는 녀석의 성격 이랑 딱 통해 버린 것이다. 관심 주기 작전에 따라 상민이의 모든 것에 감탄했다. 나와 담임선생님이 가방부터 양말에까지 "와!"를 외쳐 댔다. 그리고 딱 2주 만에 상민이가 울지 않고 통학 버스를 타고 등교했다. 기특한 녀석! 처음으로 통학 버스를 타고 등교하던 날, 상민이는 받을 수 있는 칭찬을 다 받아 본 것 같다. 작은 학교라서, 직접 가르치지 않는 선생님 들까지 모두 한마음으로 상민이를 칭찬했다. 그 덕에 상민이 의 어깨가 으쓱해졌다. 나는 '한 아이를 키우는 데 온 마을이 필요하다'는 말이 왜 있는지 알 것 같았다.

이날부터 상민이는 '선생님바라기'가 되었다. '턴태미' 를 무한 반복하며 따라다녔다. 턴태미는 짐작대로 상민이가 말하는 선생님이다. 아무래도 상민이는 학교에서 선생님을 '엄마'로 인식하는 듯했다. 가끔은 정말 '엄마'라고 부르면서 애교를 부리기도 했다. 아무렴 어떠랴?

"턴태미 조아. 턴태미! 턴태미 퇴고."

복도에서 눈이 마주칠 때, 급식실에서 마주칠 때, 친구 들과 놀다가도……. 때와 장소를 가리지 않고 턴태미를 찾았 다. 나를 이토록 좋아해 주니 다행이고 고마웠다. 동료 선생 님들은 나한테 아들 생겨서 좋겠다고 했다. 그 말이 싫지 않 고, 상민이가 학교에 잘 적응한다는 사실에 안도감이 들었다.

하지만 시간이 지날수록 내가 점점 상민이에게 지쳤다.

녀석에게 얽매인다는 생각이 강해졌다. 그러다 보니 내가 슬슬 상민이를 멀리하기 시작했다. 멀리서 턴태미를 신나게 부르며 달려오는 상민이를 피해 화장실로 도망가는 날도 있었다. (앞뒤 가릴 줄 아는 상민이가 여자 화장실까지 들어오지는 못하고 문밖에서 애타게 나를 부르기만 했다.) '아이들에게 죄짓지 말자'는 내 교육 철학을 지키지 못하고 있다는 내면의 소리가 나를 괴롭히는 날들이었다. 나 자신이 성숙하지 못한 사람인 것을 온몸과 마음으로 뼈저리게 느끼는 날들이었다. 지금 생각해 봐도 상민이를 정말 귀찮아하고 싫어하지는 않았다. 다만 때가 안 좋았다. 너무 힘들게 달려왔던지 하필 내가 점점 지쳐 갈 때였다. 상민이가 아니라 모든 것이, 세상만사가 귀찮고 힘들고 무기력한 번아웃 시기였다.

스스로 채찍질만 하면서 돌보지 않던 마음에 큰 구멍이 뚫린 것을 알아차렸다. 어떤 사건을 통해 발견한 그 구멍으로 바람이 휑 불어 들어왔다. 그리고 그 자리에 그대로 무너져 버렸다. 나를 돌보기는커녕 학생들도 제대로 돌볼 수 없을 만큼 큰 구멍이었다. 수업 시간에도 갑자기 눈물이 났고, 학생들과 놀이를 하다가도 눈물이 났다. 그날도 어쩔 수 없는 눈물이 주룩주룩 흐르고 있었는데, 작은 손이 내 팔을 감싸고 들어왔다. 상민이였다.

"턴태미 타라해."("선생님 사랑해.")

이 말에 나는 그대로 주저앉아 눈물을 쏟았다. 상민이가 해 준 사랑한다는 말과 내 두 손에 쏙 들어오는 작고 작은 상민이의 손이 그날 나에게 큰 위로가 되었다. 잘해야 한다고, 더 열심히 해야 한다고 나를 채찍질한 지난날, 정작 내 마음은 돌보지 않아 허기졌던 지난날까지 따스해지는 느낌이었다. 상민이 특유의 불명확한 발음으로 건넨 말과 작은 손의 토닥임에 말이다. 아픔을 참던 시간에 대한 기억이 영화 장면처럼 스쳐 갔다. 상민이를 안고 한참 울었다. 상민이는 내가 다 울 때까지 아무 말 없이 나를 안아 주었다. 녀석에게 이렇게 어른스러운 면이 있을 줄이야!

어디 가서 내가 '특수교사'라고 하면 열에 한둘은 꼭 말한다. 장애 있는 학생들과 수업하면 소통이 어려워서 재미없고 힘들겠다고. 물론 비장애 학생에 비하면 장애 학생과 소통하는 데 많은 에너지가 드는 게 사실이다. 그러나 나는 반사적으로 말한다. "아뇨, 충분히 소통할 수 있어요." 내가 상민이에게서 위로를 얻고 따뜻해졌듯이 우리 아이들도 감정적으로 소통할 수 있다. 다만 표현 방법이 또래만큼 세련되지 못할 뿐이다. 아니, 어쩌면 또래보다 더 솔직하고 담백하게 표현해서 좋다. 상민이같이 의사 표현을 할 수 있는 학생뿐만 아니라 중도 자폐성 장애가 있는 민혁이하고도 감정적으로 소통할 수 있다. 민혁이는 스스로 말하는 데 어려움이 있다. 화장실에 가겠다고 표현하기가 쉽지 않아 종종 교실에서 대변 실수를 한다. 그래도 민혁이가 나한테 애정을 표현한다. 내 얼굴을 쓰다듬거나 어깨에 기대는 식이다. 의미 없는 행동인데 마음대로 해석한다고 할지 모르겠다. 그러나 다른 사람에게 같은 행동을 하지 않는 걸 보면, 분명 많은 시간을 함께한 나한테 한 애정 표현이 맞다. 내가 큰 소리로 웃으면 우리 들꽃들도 웃는다. 우리 들꽃들이 신나면 나도 덩달아 신이 난다. 내가 표정 없이 들꽃들을 바라보면 들꽃들이 눈치를 보다 자세를 바르게 고쳐 앉는다. 분노와 짜증이 올라와 흥분한 들꽃을 말없이 안으면 얼마 지나지 않아 잠잠해진다. 내가 울면 조용히 곁에 머물러 준다. "○○이 마음이 엄청 아프겠다." 이런 말에 아이가 조용히 내 손을 잡아 제 눈물을 닦는다. 우리는 같은 공간과 시간 속에 서로 마음을 나누며 함께한다. 하루하루를 함께 산다. 불쑥 내민 손을 덥석 잡아 주는 녀석, 생긋 웃으며 다가와 한참 안고 가는 녀석. 아무것도 아닌 듯하지만 아무것도 아닌 게 아닌 일. 들꽃들로부터 배우고 얻은 따뜻함의 의미이자 깊이다.

내일은 사춘기

수철이가 3학년일 때 나랑 처음 만났다. 작은 키에 오동 통한 볼이 참 귀엽고, 나를 보며 배시시 웃는 모습이 정말 '사 랑스러운 어린이'의 표본이었다. 그러나 마음이 덩치만큼 단 단하지는 못해서 조금만 혼나도 교실 뒤로 가서 한참 훌쩍거 렸다. 워낙 큰 목소리를 타고난 나는 수철이가 상처받지 않 도록 가능한 한 작은 목소리로 친절하게 말하려고 노력했다. 서로 다른 우리가 알맞은 데시벨을 맞추기까지 꽤 오래 걸렸 다. 1년 정도 지나고야 나는 수철이에게, 수철이는 나에게 어 느 정도 적응했다.

6학년이 된 수철이가 어느 날 수학 공부를 함께 하다가 뜬금없는 질문을 했다.

"선생님, 사춘기가 뭐예요?"

수철이 입에서 '사춘기'라는 단어가 나오다니······. 순
하디순한 수철이를 가르치면서 내가 처음으로 당황한 날이
지 싶다. 당황스러우면서도 마음 한편으로는 '녀석에게도 사
춘기가 오려나 보다. 아니, 어쩌면 오래전에 사춘기가 왔는데
무딘 선생이 눈치 채지 못했구나.' 싶었다.

"응, 어린이에서 어른이 되는 과정을 사춘기라고 해."

"그럼 저는 어린이예요?"

"수철이 생각은 어때? 사춘기가 오면 몸하고 마음
이 달라져. 몸이 조금씩 조금씩 어른처럼 되려고 털이 나는
데······."

"흠흠."

"마음은 기뻤다가 슬펐다가 화났다가, 변덕스러워지기
도 해."

"그럼 제가 사춘기예요?"

"수철이의 몸과 마음은 수철이가 더 잘 알지 않을까?
네 생각은 어떤데?"

"비밀로 할래요."

"이수철, 사춘기네."

이때 귀신같은 은선이가 옆에서 듣고 있다 심드렁하게
한마디 거들었다.

"아니거든! 나 사춘기 아니거든!"

순진한 녀석 같으니라고······. 헛기침에 비밀로 하겠다

는 말까지 더해 "나, 사춘기요!" 하고 공표해 버린 셈이라는 걸 저만 몰랐다. 두 아이와 함께한 수업을 마치고 내 자리에 앉았다. 아이들이 공부하던 자리를 물끄러미 바라보았다. 그래, 내가 너무 무심했다. 수철이는 이제 처음 만나던 때의 오동통한 꼬맹이가 아니었다. 나보다 키가 커진 지 벌써 오래고, 몸무게도 제법 많이 나간다. (아직 힘을 쓸 줄 몰라서 나랑 팔씨름을 하면 아슬아슬하게 지는데, 1년만 더 있었다가는 내가 완패했을 것이다.)

생각해 보니 변성기도 온 것 같았다. 최근 학급 현장 체험 학습을 가는 길에 으레 잡던 손을 쓱 뺀 게 생각났다. 선생님 손을 왜 안 잡아 주냐고 볼멘소리를 했더니, 어떻게 남자랑 여자가 손을 잡느냐고 되레 나에게 묻기도 했다. 눈치 있는 선생님이라면 그날, 아니 그 전부터 수철이의 변화를 알아차렸을 텐데……. 무딘 나는 수철이가 사춘기가 뭐냐고 물을 때까지 그 변화를 몰랐다.

특수교육 대상자, 좀 더 정확히 말해 장애인의 사춘기는 그다지 반가운 일로 여겨지지 않는다. 비장애 아이가 초경이나 몽정을 하면 파티를 열어 주지만, 장애 아이는 같은 경우에 혀를 내두르며 이제부터 큰일이라고 말하는 주변 사람들의 반응을 겪는다. 장애인이든 비장애인이든 사춘기를 거치는 것이 당연하다. 사춘기는 자연의 섭리다. 그런데 왜 장애 아이들의 사춘기는 환영받지 못할까? 어쩌면 우리의 깊은 의식 속에 장애인은 사춘기를 감당하지 못할 만큼 어수룩

하고 미숙하다는 편견이 있지 않을까? 그렇지 않고는 장애인의 사춘기를 반갑지 않은 손님으로 여길 이유가 없다.

"사춘기가 되도록 늦게 오길 바랐는데, 너무 빨리 온 것 같아요. 방에서 조용하길래 뭐하나 하고 문을 열어 봤더니, 성기를 만지고 있었어요. 얼마나 놀랐는지 순간적으로 소리를 쳤더니 아이가 깜짝 놀라더라고요."

"어제 ○○이가 자기는 왜 친구들하고 다르냐고 물어봐서 너무 마음이 아팠어요. 뭐라고 대답해야 할지 몰라서 둘이 부둥켜안고 한참 울었어요."

"요즘 제가 뭘 하자고 하면 짜증을 내고 큰 소리를 질러요. 전에는 안 그랬는데, 이제 좀 컸다고 제 말을 안 들으려고 해요. 어디 가서도 그럴까 봐 걱정돼요."

사춘기가 온 들꽃들의 보호자님이 종종 하는 말이다. 사춘기는 아이마다 다르게 온다. 어떤 아이는 제 몸을 탐색하고, 어떤 아이는 존재에 대해 고민하고, 어떤 아이는 심리적 격동을 표현하는 식으로 제각각 다르다. 보호자님이 이런 고민을 말할 때 내가 건네는 첫 마디는 "축하드려요!"다. 보호자님은 예상 못 한 반응이라는 듯 눈을 크게 뜨지만, 충분히 축하받을 일이다. 들꽃들이 그만큼 자랐다는 증거이기 때문이다.

내가 만난 들꽃들은 빠르면 4학년, 늦으면 6학년 때 사춘기가 왔다. 그래서 해마다 학급살이 프로젝트로 성·인권 교육을 한다. 청결 교육에서 시작해 성별 차이, 사춘기의 변화, 성적 추행과 폭력으로부터 자기 보호, 장애에 대한 인지까지 꾸준히 가르치는 것이다. 개별 발달 속도에 따라 좀 더 구체적인 교육도 한다. 초경을 한 여학생은 자신만 알아볼 수 있는 작은 스티커로 달력에 생리 시작일을 표시한다. 생리 주기 앱을 활용하는 것도 좋은 방법이다. 그리고 생리 기간에는 생리대를 사용하고 처리하는 방법을 반복해서 가르친다. 남학생이 자위를 시작했다면 공적인 장소와 사적인 장소를 구분하는 법에 대해 가르친다. 자위 전후로 손을 깨끗하게 씻고 뒤처리도 잊지 않도록 알려 준다. 아이가 장애를 인지하기 시작하면 '나는 내 장애에 대해 어떻게 생각하는지, 장애로 겪는 불편은 뭔지, 언제 도움이 필요한지' 등을 함께 이야기한다. 이를 통해 장애를 부정적 인식 없이 개인의 특성으로 인정하고 받아들일 수 있도록 안내한다.

성·인권 교육은 학교와 가정이 함께 꾸준히 어릴 때부터 하는 것이 가장 중요하다. 성·인권에 대해 학교와 가정의 의견이 통일되지 않으면 교육 효과를 기대할 수 없다. 아니, 오히려 아이를 더 혼란스럽게 만든다. 따라서 학교와 가정이 통일된 교육관으로 인내심 있게 교육하는 것이 참 중요하다. 장애인이든 비장애인이든 건강하게 사춘기를 잘 보내야 하지만, 그러기가 마냥 쉽지는 않다. 많은 시간과 노력이 필요하다. 우리 들꽃들도 꾸준히 1년 넘게 반복 교육을 하면 사춘기를 어느 정도 이해한다. 물론 장애의 유형이나 특성에 따라 시간이 더 필요한 경우도 있다. 뭐 어떤가? 사람마다 속도가 다른 것을. 중요한 사실은 장애인도 사춘기를 경험한다는 것 그리고 사춘기 경험은 잘 자라고 있음을 보여 주는 증거라는 것이다.

특수교사는 짧게는 2년 길게는 5년까지 학생의 성장을 지속적으로 지켜볼 수 있다. 가방을 멨는지, 가방에 메였는지 알 수 없는 꼬마 시절부터 2차 성징이 나타나는 사춘기까지 지켜보는 것이다. 수철이를 4년간 지켜본 결과, 당연한 말이지만 분명히 자랐다. 몸도 자라고 마음도 자랐다. 조금씩 천천히 자라는 터라 당장은 안 보여도, 우리가 흘린 땀방울 하나하나가 양분이 되어 어느새 또 훌쩍 자라 있을 것이다.

한번은 들꽃들과 교실에서 화분에 씨앗을 심었다. 며칠 뒤 대부분의 화분에 싹이 텄지만, 한참 지나도 싹을 틔우지 않은 씨앗도 있다. 애타는 화분 주인은 포기하지 않고 매일 물을 주면서 말했다. "새싹아, 어서 나와. 새싹아, 사랑해." 그리고 어느 날 다급하게 나를 부르는 목소리를 따라간 곳에 작고 여린 새싹이 돋아 있었다. 알고 보니 다른 학생들보다 씨앗을 깊게 심어서 싹이 트는 데 시간이 더 필요했던 것이다. 나는 이 일을 겪은 뒤 장애 학생이 조금 깊게 심어진 씨앗과 닮았다고 생각한다. 조금 깊이 묻혀서 흙을 뚫고 나오는 데 좀 더 많은 물과 햇빛과 시간이 필요하다. 분명한 것은, 생명력이 있어서 언젠가는 싹을 틔운다는 사실이다.

수철이의 멋진 성장을 두 눈으로 확인한 날은 들꽃들과 내가 잘 해내고 있다는 것도 확인한 벅찬 날이다.

가르치지 않아도 아는 마음

특수학급은 보통 한 학교에 하나뿐이고, 많아야 둘이나 셋이다. 학급 정원은 유치원이 네 명, 초등학교와 중학교 여섯 명, 고등학교 일곱 명이다. 특수학급이 단독으로 버스를 타고 현장 체험 학습을 가기란 예산을 비롯해 여러 면에서 쉽지 않은 일이다. 그래서 가까이 있는 몇몇 학교가 연합해서 현장 체험 학습을 가곤 했다. 그런 날 나는 신경이 곤두서지만, 학생들은 마냥 신나는 눈치다. 교실 밖에서 더 열정적으로 배우는 학생들을 볼 때마다 더 많이 데리고 나와야겠다고 생각한다.

현장 체험 학습은 준비부터 마무리까지 모든 과정이 공부다. 사전 교육부터 사후 교육까지 철저하게 해야 학생에게 의미가 있다. 그러지 않으면 그냥 수업 시간에 놀러 나갔다 온 것밖에 안 된다. 사전 교육 때는 어디로 가는지, 뭘 준비하면 좋을지, 뭘 보고 듣고 체험하고 오면 좋을지를 함께 이야기하고 안전 교육도 한다. 버스는 어떻게 탈지, 다른 학교 선생님과 친구를 보면 어떻게 인사해야 하는지, 갑자기 화장실에 가고 싶을 땐 어떻게 할지……. 함께 이야기 나눌 게 한두 가지가 아니다. 현장 체험 학습을 가도 마찬가지다. 자유 시간이라도 학생들을 마냥 자유롭게 할 수는 없다. 혼자 이동하기가 불편한 학생, 갑자기 차도에 뛰어드는 것같이 위험한 행동을 하기 쉬운 학생의 그림자가 되어야 한다. 그래서 현장 체험 학습을 한번 다녀오고 나면 그야말로 녹초가 되어 버린다. 그래도 학생들이 너나없이 현장 체험 학습을 좋아하고 그만큼 배우는 것도 많기 때문에 코로나19 팬데믹 전까지는 한 달에 한 번씩 현장 체험 학습을 했다.

우리에겐 현장 체험 학습을 가기 전 버스를 기다리는 시간도 공부다. 특수학급에서는 세상 모든 것이 배울 거리가 되기 때문이다. 학생들에게 기다림과 함께 노는 즐거움을 알게 해 주고 싶어서 약속한 버스 도착 시간보다 10분 정도 일찍 정거장으로 나간다.

"선생님, 왜 버스 안 와요?"

"선생님, 힘들어요."

처음에는 버스 기다리기가 힘들다며 볼멘소리를 낸다. 그런데 한두 번 반복되다 보니 알아서 놀 방법을 찾는다.

바스락바스락 낙엽이 서로 부딪히며 내는 소리가 참 아름다운 가을이었다. 이웃 학교 선생님들과 가을맞이 체육대회를 계획해 체육관으로 이동할 예정이었고, 평소대로 10분 일찍 버스를 타러 나섰다. 버스는 으레 기다려야 하는 줄 아는 아이들이 운동장에서부터 저들끼리 올망졸망 모여 놀 계획을 세운다. 가까이 가서 무슨 계획을 세우나 하고 보니, 어디서 막대기를 주워다 운동장 바닥에 선을 쭉 그어 놨다. 그리고 저 멀리 보이는 나무를 향해 한 명씩 야심 찬 자세로 서기 시작했다. 아무래도 달리기를 할 모양이었다. 그때였다.

"잠깐! 타임, 타임!"

"아이, 왜?"

비장하게 준비 자세를 한 아이들이 한목소리로 야유했다. 마음에 단단한 근육이 생긴 수철이는 친구들의 야유에 아랑곳하지 않고 말을 이어 갔다.

"선생님, 1학년 동생들은 키가 작으니까 10만큼 앞에서 출발하면 어때요?"

"난 찬성."

"나도! 동생들 열 번 보내요."

언니, 오빠들 모두 대찬성! 나는 전혀 생각하지 못했는데……. 동생들이 혹시나 져서 체육대회를 시작하기도 전에 의욕이 꺾일까 봐 열 걸음 앞세우자고 배려한 고학년 학생들의 마음에 감동이 울컥 밀려왔다.

"너희, 정말 동생들 앞으로 보내도 괜찮겠어? 너희가

동생들한테 달리기 질 수도 있는데?"

"괜찮아요! 아, 그리고 선생님 좀~. 얘들은 아직 동생들이잖아요."

"괜찮아요!"

"그래. 그럼 준비, 시~작!"

내 시작 구령에 맞춰 뛰기 시작하는 들꽃들……. 전력 질주하는 동생들 뒤로 천천히 배려하며 뛰어 주는 고학년 들꽃들의 뒷모습이 보였다. 나는 가르친 적이 없는데, 이렇게 예쁘고 사랑스러운 마음은 어디서 배웠는지 모르겠다. 그냥 보고만 있어도 마음이 따뜻해졌다. 예상대로 달리기 놀이는 저학년 학생들의 승리로 끝났다. 이겼다는 사실에 마냥 뛰며 좋아하는 저학년 학생들 그리고 은밀한(!) 계획대로 동생들이 이겨서 참 다행이라는 듯 좋아하는 고학년 학생들을 보며 모두가 즐겁고 만족스러운 달리기였다는 생각이 들었다.

버스에 앉아 체육대회 장소로 가는 내내 서로 다른 출발선이 아른거렸다. 우리 아이들의 출발선에 대해 생각했다. 학생들 모두 출발선이 다르다. 같은 학년이라고 출발선이 같지는 않다. 우리는 이걸 '개인차', '개인 간 차'라고 한다. 한 교실에 저마다 출발선이 다른 다양한 학생들이 있다. 장애 학생이라고 모든 면에서 뒤에서 출발하지는 않는다. 그리고 학생별로 '개인 내 차'도 존재한다. 예컨대 한 학생이 국어 시간에는 도움이 필요한 반면, 수학 시간에는 스스로 문제를 해결하는 데 큰 어려움이 없을 수 있다. 학교는 나와 다른 친구를 다양하게 만나고, 그 존재를 인정하며 받아들이는 것을 배우는 곳이다. 따라서 학교는 '개인 간 차'와 '개인 내 차'를 존중하고 배려하는 곳이어야 한다. 공교육의 장에서 학습의 공공성이 실현되어야 한다. 그래야 모든 아이에게서 배움이 일어나고, 즐겁게 학습할 수 있다. 차이를 고려하지 않은 획일적인 교육은 출발선이 뒤에 있는 학생들의 자기 효능감을 깎아내리고, 결국 누가 정했는지 알 수 없는 '평균'·'보통'·'일반'·'정상' 등의 보이지 않는 기준에 따라 기초학력이 부진한 더딤 학생으로 낙인찍히게 한다. 출발선이 앞서 있는 학생도 학교에서 학습 흥미를 잃는 문제가 있다. 그래서 필요한 것이 '개별화 교육'이다. 최근 특수교육뿐만 아니라 일반 교육에서도 '개별화 교육'을 실천하려는 움직임이 일고 있다. 일반 교육에서 '개별화 교육'을 실천하면 특수교육 대상자들도 통합학급에서 학습하는 많은 시간을 의미 있게 보내게 될까?

나는 (특히 유치원과 초등학교에서) 특수학급은 점차 그 구실이 축소되고 특수교사의 구실은 확대되면 좋겠다고 생각한다. 특수학급은 대개 국어, 수학 시간에 특수교육 대상자를 통합학급에서 분리해 수준별 교육을 하는 식으로 운영되고 있다. 국어, 수학이 아닌 과목 시간은 학생의 흥미와 장애 특성, 통합학급 담임교사와 특수교사의 협력 정도 등에 따라 장애 학생이 적극적으로 수업에 참여하기도 하고 풍경처럼 앉아만 있기도 한다. 솔직히 말하자면, 후자가 더 많은 것이 현실이다. 즉 통합의 가장 낮은 수준인 물리적 통합에 머물러 있다. 물리적 통합을 넘어 교육적, 사회적, 심리적 통합이 가능하면 좋겠다.

좀 더 성공적인 통합교육을 위해 제도적 방안으로 제시되는 것은 첫째, 특수교육 대상자가 포함된 일반 학급은 학급 정원을 대폭 낮추는 것이다. 그렇게 해서 담임교사가 특수교육 대상자를 고려한 수업 등을 계획하고 실천하게 한다. 두 번째는 특수교사의 수를 늘려 학교 규모에 따라 학년마다 또는 1-2학년, 3-4학년, 5-6학년별로 특수교사를 배치하는 것이다. 특수교사가 학년별로 학급을 돌며 통합학급 교사와 팀을 이루어 수업을 진행하면 특수교육 대상자는 물론이고 출발선이 뒤에 있어 학습에 어려움을 겪는 학생들까지 교육적 지원을 받을 수 있다고 본다. 그럼 많은 학생이 저마다 의미 있는 수업 시간을 보내고 저마다 다른 출발선에서 함께 달리기를 할 수 있을 것이다.

들꽃들의 달리기 놀이를 보고 참 많은 생각을 했다. 이렇게 또 배웠다. 배려하는 마음, 차이를 존중하는 자세, 진심으로 격려하는 태도까지……. 아무래도 나는 인생의 스승을 선생이 되어서 만난 것 같다.

너를 보내며

그날은 마지막 날이었다. 평소보다 20분 일찍 집에서 나와 출근 전에 편의점에 들렀다. 들꽃들이 좋아할 만한 간식을 잔뜩 샀다. '특별한 날'이라는 걸 알려 주려고, 없는 솜씨지만 칠판에 그림도 그렸다. 평소 ㄷ자 모양으로 둔 책상들을 ㅁ자 모양으로 바꾸니 분위기가 달라졌다. 1교시 시작종이 울리고 들꽃들이 차례차례 특수학급 문을 열었다. 사뭇 달라진 교실 환경과 칠판 앞에 다소곳이 서 있는 나를 호기심 가득한 눈으로 번갈아 봤다. 이럴 때 들꽃들의 눈빛을 보면 세상이 큰 놀이터고 모든 일이 놀이 같아서 설레던 어린 시절로 돌아간 기분이 들어 좋다.

"턴태미 머해여?"

"오늘 놀아요?"

"선새니이, 책상이 왜요?"

무슨 날이냐고 들꽃들이 질문 세례를 했지만, 주인공이 아직 등장하지 않았기 때문에 살짝 웃기만 하고 대답은 하지 않았다. 그럴수록 들꽃들은 애간장이 타는지 더 큰 목소리로 폭풍 질문을 쏟아 냈다. 작은 두 손으로 내 몸을 잡고 흔들어 보는 들꽃도 있었다. 드디어 이날의 주인공 혜연이가 교실 뒷문을 열었다. 문고리를 잡은 채 한참 서 있던 혜연이는 무슨 날인지 아는 것 같았다. 부끄러운지 두 손으로 얼굴을 가리고 몸을 이리저리 꼬더니, 자리로 냉큼 뛰어가 앉았다.

이날은 바로 혜연이가 특수학급에 오는 마지막 날이었다. 전해에 특수교육 대상자로 선정되어 1년 정도를 우리와 공부했다. 처음에 특수학급에 올 때 '가나다라'를 읽지 못했고, 1부터 10까지는 겨우 셀 수 있었다. 11을 쓰라고 하면 101을 썼다. 1년간 특수학급에서 공부하면서 서툴긴 하지만 한글을 제법 읽고, 세 자릿수도 더듬더듬 읽을 수 있게 되었다. 한글 교재를 든 나를 잔뜩 움츠러든 어깨와 일그러진 표정으로 마주하던 아이가 말이다. 그 아이가 스스로 그림책을 읽고 주인공을 가리키며 웃을 때는 참 많이 자랐다는 생각에 마음이 좋다. 1년간 혜연이를 잘 키워 특수교육 대상자 선정을 취소하고 통합학급으로 돌려보내는 날, 이날이 그런 날이었다.

4학년인 혜연이가 한글을 더듬더듬 읽고 덧셈과 뺄셈

을 겨우겨우 하는 정도니, 아직 또래와 공부하기가 많이 버거울 것이다. 그러나 학교생활은 공부 못지않게 사회성, 즉 또래 관계가 중요하다. 게다가 어느 정도 상황을 인지하는 혜연이는 특수학급에 오는 걸 부끄러워하고 친구들이 볼까 봐 숨거나 자리를 피했다. "특수학급이나 가!" 하고 혜연이를 놀리는 친구가 있었고, 그 말에 혜연이는 평소와 달리 폭력으로 대응했다. 그런 혜연이의 모습을 보면서 혜연이를 특수학급에서 좀 더 데리고 간다면 어른의 욕심이겠다는 생각이 들었다. 그래서 개별화교육지원팀에서 회의를 통해 혜연이에 대한 특수교육 대상자 선정을 취소하기로 결정했다. (장애인 등에 대한 특수교육법은 특수교육 대상자에게 적절한 교육을 제공하기 위해 보호자, 특수교사, 통합학급 담임교사 등으로 개별화교육지원팀을 구성해 운영하도록 명시하고 있다.)

　여기서 의문점이 생길 만하다. 지적 장애 학생이 특수교육을 받는다고 단기간에 교육적 성취가 높아질 수 있나? 소위 공부 못하는 학생이 특수학급에서는 마법같이 '치료'되나? 혜연이는 장애인 등에 대한 특수교육법 분류상 '지적 장애'로 특수교육 대상자가 되었다. 그러나 선천적, 인지적 결손에 따른 지적 장애 학생이 아니다. 지적 장애 부모님 밑에서 유년기를 보내며 적절한 교육적 혜택을 받지 못해 학습 결손이 발생한 경우다. 경험 부족에서 비롯한 학습 결손이 누적되어 3학년이 될 때까지 한글 해득과 수 세기를 못한 것이다. 애초에 '지적 장애'에 따른 '특수교육 대상자'가 되기

보다는 '기초학력' 지원을 지속적으로 받는 편이 더 옳았을 수도 있다. 요즘은 특수교육 대상자로 선정되기가 하늘의 별 따기인데, 혜연이는 운이 좋았다고 해야 할지 선정 과정의 실수였다고 해야 할지 애매한 이유로 특수교육 대상자가 되었다. 또래처럼 잘하고 싶은 마음이 굴뚝같은 혜연이에게 나는 작은 불씨를 하나 던져 줬을 뿐이고, 활활 타오른 것은 혜연이 자신이다.

마지막 날을 앞둔 밤 나는 쉬 잘 수 없었다. 너무 많은 생각이 머리를 채웠기 때문이다. 평소 누운 뒤 3초면 잠이 드는데, 아무래도 직업병이 도진 것 같았다. 마음 한편으로는 씩씩해져서 일반 학급으로 돌아가는 혜연이가 정말 대견하고 자랑스러웠다. 다른 한편으로는 많은 학생들 틈에서 잘할 수 있을지 걱정스럽고, 이제 혜연이의 성장을 한 발 뒤에서 지켜보고 응원해야 한다니 아쉬웠다. 4년간 애지중지 가르친 학생이 졸업하거나 아픈 손가락이던 학생이 불미스러운 일로 전학할 때도 마음이 이렇지는 않았다. 대견하다, 자랑스럽다, 걱정스럽다, 아쉽다……. 여러 가지 감정 단어를 끌어다 써 봤지만 이상하게 그중 어느 것도 내 마음에 어울리지는 않았다.

"여러분, 오늘은 혜연이 누나랑 마지막으로 같이 공부하는 날이에요."

"누 안 아? 누 아파?"

"혜연이 누나가 그동안 특수학급에서 공부를 열심히

했지요. 이제 4학년 친구들과 교실에서 공부하게 됐어요. 우리랑 같이 공부하지는 않아도 특수학급에 놀러 올 거예요. 그렇지, 혜연아?"

혜연이가 고개를 끄덕였다. 혜연이를 위한 마지막 선물로 '따뜻한 말 샤워'를 하기로 했다. 혜연이를 샤워 의자에 앉게 하고, 동생들이 한 명씩 나와 혜연이에게 따뜻한 말 한마디를 하는 것이다.

"언니 고마워. 공부 열심히 해."

"누 예뻐, 누 조아."

"누나~."

동생들의 따뜻한 말이 마음에 드는지 혜연이는 연신 웃었고, 동생들의 머리를 두어 번 쓰다듬기도 했다. 동생들도 혜연이의 머리를 쓰다듬었다. 평소 혜연이를 가장 잘 따르던 녀석은 많이 아쉬운지 누나를 한참 안고 있었다. 이런 따뜻함은 가르쳐 주지도 않았는데 어디서 나오는 걸까? 존 러스킨이 했다는 말이 절로 생각났다. "순진함과 모든 완전한 가능성을 지닌 어린이들이 끊임없이 태어나지 않는다면, 세계는 얼마나 무시무시한 것으로 변했을까?" 나는 매일 무시무시한 어른들의 세계에서 잠시나마 벗어나 순진함과 완전한 가능성의 존재들을 만나니 얼마나 고마운지 새삼 느꼈다. 그런데 울컥한 사람은 나뿐이다. 아침에 산 과자 간식이 등장하자 아이들이 그걸 먹기 위해 서로 먼저 손을 씻겠다고 교실 뒤 세면대로 경쟁하듯 달려가는 바람에 따뜻한 감성은 와

장창 깨졌다.

　1교시를 마무리하는 종이 울렸다. 이날 혜연이의 특수학급 수업은 1교시뿐이라, 정말 가야 할 시간이었다. 아쉬움을 달래려고 우리가 기념사진을 찍었다. 1학년 상민이가 사진사가 되었다. 먹고 있는 간식에 마음이 빼앗긴 녀석에게 여러 장을 찍게 했더니, 수평부터 안 맞고 다리만 찍힌 사진도 있다. 엉망진창인 사진을 보며 타박했지만, 혜연이는 분명 웃고 있었다. 그나마 나은 사진을 한 장 인쇄해 혜연이에게 건넸다. 사진이 마음에 드는지 말없이 한참 보며 좋아했다. 사진과 나를 번갈아 보던 혜연이가 갑자기 나를 와락 안았다. 그러더니 1학년 사진사 상민이에게 사진을 찍어 달라고 했다. 사진이고 뭐고 남은 간식이 더 중요했던 상민이는 역시나 칠판을 찍었는지, 사람을 찍었는지 알 수 없는 심오한 사진을 찍었다. 그래도 혜연이는 그 사진이 좋다며 인쇄해 달라고 했다. 사진을 받아 든 혜연이는 여느 때처럼 4학년 교실로 신나게 뛰어갔다. 나도 여느 때처럼 혜연이의 뒤통수에 뛰지 말라고, 넘어지면 다친다고 마지막 잔소리를 했다. 주책맞게, 잔소리를 하다 울컥했다.

　"혜연아, 선생님은 언제나 네가 행복하면 좋겠다. 지치고 힘들 때면 언제든 와서 비비고 가. 기쁘거나 힘들 때도 언제든 좋으니 와서 춤추다 가고. 선생님은 언제까지나 네 언덕으로 이 자리에 있을게."

온라인 개학

2020년 코로나 바이러스가 소중한 우리의 일상을 덮쳤다. 유례없던 개학 연기 사태와 온라인 개학 상황에 교육부는 특수교육 대상자와 학교 상황을 전혀 고려하지 않은 방침을 연일 발표했다. 뉴스에서는 코로나 시대 발달장애인의 어려움과 아픔을 앞다퉈 전했다.

우리 학생들도 예외는 아니었다. 같은 말을 반복하는 상동 언어가 오래전에 없어졌다가 최근 다시 나타나서 너무 걱정된다는 보호자의 전화를 받았다. 학교에서 선생님하고 친구들과 의사소통하면서 언어를 확장해 나가야 하는데, 집에 혼자 있으니 반복적인 언어를 계속 쓰는 것 같았다. 또 다른 보호자는 코로나 바이러스 때문에 운동하러 갈 수 없어서 아이 몸무게가 15킬로그램이나 늘었다고 했다. 이런저런 전화를 받으면서 그냥 가만히 있을 수는 없었다. 학습 꾸러미를 들고 일주일에 한 번씩 순회 교육을 다니기 시작했다. 가정 개방을 불편해하는 보호자님은 일주일에 한 번씩 아이를 데리고 학교에 나오도록 안내했다.

온라인 개학 이후 학습 계획과 꾸러미를 만드느라 하루에 세 시간 넘게 잔 날이 없다. 입속에 염증이 생겼고, 밥을 먹을 때마다 피 맛이 났다. 잠을 제대로 못 자서 가만히 서 있으면 세상이 핑핑 돌았다. 월급을 더 받는 것도 아니고 누가 시킨 것도 아닌데 굳이 이렇게까지 해야 하는지……. 눈물 나는 날들이 이어졌다. 몸이 많이 지치니 마음도 같이 지치는 것 같았다. 전국의 많은 특수교사들이 나와 같은 상황에 있었을 것이다.

코로나19 탓에 그동안 우리 교육 현장에서 장애 학생, 즉 특수교육 대상자에 대한 배려가 얼마나 없었는지가 적나라하게 드러났다. 첫째, 온라인 개학으로 특수교육 대상자가 쓸 수 있는 교육 콘텐츠가 절대적으로 부족했다. e학습터, EBS 등 비장애 학생에게 제공되는 콘텐츠는 훌륭했다. 그러나 특수교육 대상자에게 제공되는 콘텐츠는 있지도 않고, 있다고 해도 질적으로 우수하지 않았다. 내가 직접 e학습터 운영부에 전화를 걸어 특수교육 대상자들이 이용할 만한 수업 콘텐츠는 없냐고 물었다. 돌아온 답은 "특수교육 대상자들도 '국수사과'로 공부하나요? e학습터는 일반 학생들을 대상으로 운영하는 제도라 특수교육 대상자들을 위한 자료는 없습니다."였다. 답답하다 못해 화가 났다. '모든 아이는 우리 모두의 아이'라는 교육부 슬로건이 무색하게 느껴졌다. 유튜브에서 학습 꾸러미와 관련된 영상을 검색해 보면 생활 연령이 맞지 않아 쓸 수가 없는 경우가 많았다. 바른 식사 자세를 학습하는 영상을 검색하면 'ㅇㅇ유치원 어린이 여러분'으로 시작하는 것이 대부분이라 초등학생인 특수교육 대상자는 쓸 수 없는 식이다. 둘째, 장애 학생에 대한 책임을 사회가 아닌 개인이 감당한다는 게 드러났다. 온라인 개학 기간이 길어지자 어쩔 수 없이 직장을 그만두는 보호자들이 생겼다. 학교에서는 특수교육 대상자의 학교교육 참여를 특수교사가 홀로 맡는 경우가 있었다. 통합학급 담임교사가 있어도 말이다. 내 지인은 학교 관리자가 교육부 발표에 따라 특수교육 대상자들은 등교 개학을 원칙으로 하되, 등교부터 하교까지 온종일 특수교사가 교육 겸 보육을 맡게 했다는 이야기를 전했다. 가정에서는 보호자가, 학교에서는 특수교사가 홀로 책임져야 하는 구조가 속상했다. 함께 고민하고 책임져야 할 장애의 무게를 우리 사회는 아직도 개인의 문제로 보고 개인이 감내하도록 하는 것이다.

힘든 날에 힘든 날이 이어지던 중 내가 있는 지역은 다행히(!) 등교 개학이 결정되었다. 가방을 메고 교실로 들어오는 들꽃들의 모습이 그렇게 반가운 적이 없다. 학교를 옮긴 첫해였는데도 일주일에 한 번씩이나마 본 덕에 나한테 데

면데면하게 굴지 않고 인사하는 아이들이 귀엽고 사랑스러웠다. 그런데 나는 본격적인 고민을 시작하게 되었다. 뉴스에서는 코로나19 대유행이 다시 찾아올지 모른다고 하는데, 등교하지 못하는 상황이 다시 오면 나와 우리 아이들은 어떻게 해야 하나? 사실 온라인 개학 사태 전까지는 특수교육 대상자들의 정보 접근과 활용에 대해 단 한 번도 고민하지 않았다. 그래서 철저히 준비하기로 했다. 특수교육의 무기인 '반복 학습'과 '직접 교수'로 여러 가지 에듀테크 교육을 실시했다. 스마로그 교육을 실천하기로 마음먹은 것이다.

스마트smart와 아날로그analogue를 합해 만든 스마로그 교육은, 학생들이 교사를 만나는 상황에서 시간과 공간의 제약을 극복하기 위해 온라인 교육을 추가로 활용하는 교육 방식이다. 대면 수업 상황에 하루 한 시간은 비대면 상황을 가정하고 수업을 진행했다. 줌Zoom을 켜고 수업하고, 구글 도구 사용법을 일대일로 가르치기도 했다. 수학 문제를 종이와 연필로만 풀다가 멘티미터라는 프로그램을 활용했다. 우리 반은 경도 장애 학생부터 중도 장애 학생까지, 구성원이 다양하다. 그래서 연습 몇 번 만에 스스로 여러 에듀테크를 활용할 수 있게 된 학생부터 인력 지원이 없으면 스스로 학습의 장에 참여하기가 어려운 학생까지 있다. 결국 보호자 교육을 시작했다. 보호자님들에게 에듀테크 활용법을 소개하며 에듀테크로 학습에 참여할 수 있다는 걸 알렸다. 처음에는 이런 걸 왜 알아야 하냐며 심드렁한 반응이었다. 그러던 중 코로나19가 다시 우리를 덮쳤다.

드디어 그간 연습한 에듀테크를 활용해 수업할 때가 왔다. 그런데 나부터 겁이 났다. 수업을 보호자들에게 개방하는 것도 겁이 났고, 우리 아이들이 잘할 수 있을지도 걱정되었다. 걱정은 크게 두 가지였다. 첫 번째는 온라인 수업 상황에서 학생들이 일으킬 수 있는 여러 도전 행동을 어떻게 중재할 것인가였다. 두 번째는 우리 학생들의 특성상 보호자가 늘 옆에 있기 때문에 모든 수업이 보호자 공개 수업이 된다는 것이었다. 고민이 많았지만 결국 온라인 수업을 진행하기로 했다. 등교 수업 상황에서 소리를 지르거나 자리에서 벗어나는 등 도전 행동을 하는 학생은 온라인 수업 상황에서도 도전 행동을 할 테고, 이 문제는 보호자님이 잘 중재하리라 믿기로 했다. 결국, 보호자 공개 수업이라는 상황이 불편해도 보호자가 학생을 객관적으로 보는 데 좋은 기회가 될 수도 있겠다는 생각이 들었다.

온라인 쌍방향 수업을 처음 하던 날, 줌을 한 시간 전부터 켜 놓고 들꽃들이 입장하기를 기다렸다. 손에선 땀이 났고, 가슴은 콩닥거렸다. 아주 오랜만에 느껴 보는 수업 전 설렘이랄까, 마치 다시 초임 교사가 된 것 같았다. 드디어 들꽃들이 하나둘 줌에 입장했다. 학생들은 집에서 선생님의 얼굴을 본다는 게 신기한 모양이었다. 얼굴을 카메라 가까이 들이대는 녀석, 쉴 틈 없이 손을 흔드는 녀석도 있었다. 반면에, 아무 관심 없이 책상 뒤 침대로 가 벌러덩 눕는 녀석도 있었다. 첫 수업을 한마디로 표현하면 이렇다. "난리 났네, 난리 났어."

주의 집중력이 약한 들꽃들이 계속 자리에서 벗어났고, 보호자가 엄마인 경우에는 마음이 편한지 누웠다 앉기를 반복하면서 자세가 쉽게 흐트러졌다. 그래도 40분 수업을 꽉꽉 채워서 나 나름대로 열심히 수업했다. 그리고 내가 생각한 것보다 학생들이 잘 참여해 줬다고 본다. 보호자님들 중에는 선생님이 이렇게 애쓰는 줄 몰랐다며 연신 고맙다는 분, 그동안 돕지 못했다며 갑자기 사과하는 분도 있었다.

수업을 마치고 나니 후련하고 참 고마웠다. 어찌나 감정이 벅차오르던지 내가 뭘 그토록 두려워했는지도 잊었다. 그날 밤 일기를 쓰며 스스로에게 '괜찮아' '잘했어'라는 말을 여러 번 했다. 많은 선생님이 아이들에게 "틀려도 괜찮아. 틀리면서 배우고, 틀리면서 자라는 거야." 하고 너그럽게 말하지만 정작 자신한테는 이 말을 하지 않는다. '실수하면 안 돼.' '완벽한 수업을 해야 해.' 이런 강박을 안고 괴로워하는 선생님이 많다. 부담감에, 혹은 실수할까 하는 두려운 마음에 온라인 수업을 시작하지 못하는 특수교사도 있을 것이다. 그러나 아이들에게만 배움이 일어나는 것이 아니다. 변화하는 시대에 맞춰 '틀려도 괜찮아' 정신으로 부딪히다 보면 교사들도 배우게 된다. 내가 먼저 시도하고 실패해 봐야 우리 아이들도 새로운 세계의 언저리에라도 갈 수 있지 않을까?

온라인 수업을 하며 반걸음 앞으로 나간 들꽃들을 생각

하니 언젠가 옮겨 심은 봉숭아가 생각났다. 화분에 심은 봉숭아 씨앗이 화분이 감당할 수 없을 만큼 자라, 학생들과 그걸 학교 화단으로 옮겨 심은 적이 있다. 그때 봉숭아가 마치 우리 들꽃들 같아 보였다. 씨앗처럼 아주 조그마하고 연약하게만 보이던 아이들이 저마다 다른 속도로 자라고 자라 더 넓은 세상, 새로운 세상으로 간다는 생각에 정수리에서 심장박동이 느껴졌다. 온라인 수업이라는 새로운 세상에 처음 발을 내민 기록적인 날, 이 첫날이 준 벅찬 감동을 오래도록 잊지 못할 것 같다.

5부
눈총은
사양합니다

특수교사는 혼자서 일할 수 없다. 가까이는 학생의 보호자부터
통합학급의 학생, 담임교사와 협력해야 한다. 지역 사회의
유관기관은 물론이고 넓게는 사회의 시선과 제도까지 고려하며
일해야 한다. 정말 초학문적인 영역에 특수교육이 있다고 해도
과언이 아니다. 따라서 특수교사는 다양한 시선을 받으며
소통한다. 함께라서 좋은 순간, 눈총 때문에 아픈 순간도 있다.
이 모든 순간이 켜켜이 쌓여 내가 어떤 방향으로 우리 아이들을
이끌어야 할지 알려 주는 지표가 된다. 5부를 읽고
함께 생각해 보면 좋겠다. 나는 장애인에게 어떤 시선을
보내는 사람인지…….

눈총은 사양합니다

최근에는 코로나19 때문에 어려워진 현장 체험 학습을
나는 원래 자주 하는 편이다. 물론 교실보다 돌발 상황이 많
은 현장에서 일일이 학생들을 따라다니다 보면 몸이 지친다.
그래도 배우는 것이 참 많고 학생들이 좋아하기 때문에 힘들
어도 한 달에 한 번은 꼭 나가려고 노력한다. 농촌 체험, 문화
체험, 예술 체험 등 교실에서 할 수 없는 다양한 체험을 통해
'아! ○○이는 농사에 소질이 있구나! △△이는 도자기 모양
을 잘 만드네.' 하며 학생들의 다양한 면모를 발견하고 숨은
재능을 깨닫기도 한다.

체험 학습 현장에서 사람들의 반응은 셋 중 하나다. 첫
째, "아이고, 선생님이 힘들겠네." 하고 내가 원하지 않은 격

려를 남기고 가는 경우다. 둘째, "이렇게 예쁜 애들이 어디서 왔나?" 하며 편견 없는 호감을 드러내는 경우다. 내가 참 반갑고 고마워하는 반응이다. 우리 아이들을 있는 그대로 보고 존중한다는 느낌을 받기 때문이다. 마지막 반응은 힐끔거리며 빙 돌아가거나 피해 가는 경우다. 가끔 행동반경이 큰 아이가 마구 뛰어다니거나 소리를 지르지만, 이런 아이들은 교사가 손을 잘 잡고 활동하기 때문에 다른 사람에게 큰 피해는 없다. 그런데도 큰일이라도 날 것처럼 고개를 뒤로 빼고 몸을 피해 가는 사람을 보면 서운하고 화가 난다. 아이가 고집을 부려서 교사가 훈육하고 있을 때 마치 구경거리라도 생긴 듯 힐끔거리거나 가던 길을 멈춘 채 거리에 드러누운 녀석을 대놓고 구경하는 사람도 있다. 그럴 때면 뭘 보냐고 소리치고 싶지만, 우리 아이들에 대한 인식이 더 안 좋아질까봐 꾹꾹 참은 적이 여러 번이다.

학습 주제인 '가을'에 대해 배우고 가을의 정취를 느끼게 하고 싶어서 가을맞이 등산에 나선 날이다. 학교 뒤 얕은 산인데도 아이들과 나는 꽤 힘들었다. 등산을 마치고 맛있는 짜장면을 먹자고 꼬드긴 덕에 정상까지 올라갔다가 내려왔다. 뿌듯한 마음을 안고 약속한 대로 중국집을 찾았다. 아이들은 달콤하면서도 짭짤한 짜장면을 먹을 생각에 기분이 좋아 보였다. 나까지 모두 여섯 명이 적당한 자리를 찾아 앉았다. 다행히 점심을 먹기에는 조금 이른 시간이라 식당이 한산해서 더 좋았다.

메뉴판을 보고 각자 먹고 싶은 음식을 골랐다. 선택하는 것도 공부인 만큼 교실에서 이미 충분히 연습한 터라 빠르게 음식을 결정했다. 6학년 학생들은 숟가락과 젓가락을 놓고 물 따르는 일을 나눠 하고, 동생들은 턱을 괴고 앉아 음식이 나오길 얌전히 기다렸다. 내가 호랑이처럼 무섭기 때문이기도 하지만, 사전 활동으로 음식점에서 지켜야 할 예절을 배우고 나온 덕도 있다.

그때 아저씨 한 분이 음식점으로 들어와 우리 바로 뒷자리에 앉았다. 해물짬뽕 한 그릇을 시키고 음식 나오기를 기다리던 이분이, 우리 쪽을 힐끔힐끔 쳐다보기 시작했다. 그 눈빛이 썩 좋지 않아 나도 지지 않을 기세로 쳐다봤다. 몇 차례 힐끔거리다 나와 눈이 마주치고는 성질이 난 말투로 마치 콕 집어 나한테 들으라는 듯 혼잣말을 했다.

"이런 애들을 데려오면 어떡해? 밥 먹는 데 불편하게."

그 순간 그분의 무례함이 내 귀를 뚫고 심장까지 들어와 박혔다. 심지어 우리 아이들이 듣고 있는데 그렇게 저급한 말을 하다니, 그냥 넘어갈 수 없었다. 그래서 떨리는 가슴을 부여잡고 그분을 불렀다.

"아저씨, 이런 애들이라뇨? 그리고 우리 아이들이 아저씨에게 무슨 해를 끼쳤어요? 우린 얌전히 앉아 있는데, 왜요? 우리 아이들은 짜장면 먹으러 오면 안 되나요?"

"그럼 저기 구석에서 먹어야지, 왜 여기 앉아 있는데?"

"불편하면 아저씨가 구석으로 가세요. 저희가 먼저 왔

잖아요!"

　나한테서 그냥 물러날 기미가 안 보였던지, 아저씨가 구시렁구시렁 볼멘소리를 하며 물컵과 단무지에 젓가락까지 들고 일어섰다. 그리고 우리한테 가서 먹으라던 구석 자리로 본인이 가서 앉았다. 내 안의 어디에서 그런 용기가 나왔는지 지금 생각해도 놀랍다. 그저 우리 아이들을 지키겠다는 마음뿐이었다는 것은 확실히 기억한다.

　물론 시대가 변하고 인식이 개선되긴 했다. 하지만 아이들을 곁눈질로 보는 사람이 많지, 이해와 존중의 눈으로 보는 사람은 드물다. 분명 이름이 있지만 '장애인'으로 불리는 경우도 많다. 멍청이, 애자, 바보, 병신 등 비하하고 조롱하는 말로 불리는 일도 어찌나 흔한지 놀랍지도 않다.

　언젠가 정훈이 보호자로부터 저녁 8시가 넘어야 놀이터에 나가 놀 수 있다는 말을 들었다. 위험하게 왜 그렇게 늦게 나가는지 물었더니, 동네 사람들이 정훈이가 놀이터에 나오는 걸 싫어하기 때문이라고 했다. 정훈이가 다른 아이에게 다가가거나 함께 노는 걸 막나 하면, 잘 놀던 아이 팔을 잡아 끌어 데려가기도 한다고 했다. 정훈이를 보면서 자기들끼리 수군거린 사람들도 있었다고 했다. 그런 일을 겪고도 정훈이가 놀이터를 좋아하니 안 나갈 수는 없어서, 어른들 눈총을 피해 저녁을 먹고 8시가 넘어서야 나간다는 것이다. 익숙한 일이라는 듯 넘넘하게 말하는 보호자를 보면서 정훈이와 가족들이 받는 눈총이 선해, 아프고 슬픈 마음이 몰려왔다.

장애에 대한 인식이 많이 달라졌다고 하지만 아직도 장애를 옮는 것이나 더러운 것으로 생각하는 사람들, 아니 어른들이 있다. 자폐성 장애가 있는 민혁이를 잘 도와주며 좋은 친구로 지내던 통합학급 학생이 어느 날부터는 민혁이를 멀리했다. 그 이유를 물었더니 바로 말했다. "엄마가 민혁이랑 놀지 말래요. 장애인이라고요." 그때 나는 아무 말도 할 수 없었다. 편견 없이 잘 자라는 아이에게 부모가 편견을 심어 주고 있는 게 안타깝고 애석할 뿐이었다.

장애를 불쌍하고 안쓰러운 것으로 인식하는 시선도 있다. 가끔 통합학급에 장애 이해 교육을 하러 가면, "우리가 ○○이를 도와줘야 해요." 또는 "○○이가 불쌍해요." 하고 말하는 학생들이 있다. 장애인을 수동적인 존재로 보는 것이다. 모든 것을 잘하는 이가 없듯이 우리 학생들도 잘하는 것이 있고, 못하는 것이 있다. 도와주지 않아도 할 수 있는 것이 있고, 도와줘도 힘들게 하는 일이 있을 뿐이다.

장애는 옮는 것도, 더러운 것도, 불쌍한 것도 아니다. 장애가 그런 것이라면 장애 학생들을 매일 만나는 나는 진작 장애인이 되고도 남았다. 사람들의 키가 크거나 작듯, 눈이 크거나 작듯, 그냥 장애가 있거나 없는 것이다. 그러나 아직 우리 사회는 장애에 대한 편견의 그림자가 짙어서, 다름에 대한 이해가 부족해서, 장애인이라는 소수자로서 살아가며 겪는 불편과 어려움이 크다. 사회의 통념을 단숨에 바꾸지 못하는 한 특수교사는 사회의 편견과 눈총을 함께 받을 준비가 되어 있어야 한다고 생각한다. 그리고 언제든 함께 싸울 준비도 되어 있어야 한다. (순하다면 순했던 나도 전사가 되어간다.) 물론 편견과 눈총에 맞서 싸울 때와 한 발 물러서서 기다릴 때를 아는 현명한 사람이면 더 좋을 것이다. 내가 과연 그런 사람일까? "장애가 왜, 뭐가 어때서요?" 하고 쉽게 흥분하는 사람일까? 또는 "네, 저희가 피해 갈게요." 하고 우리 아이들을 숨기는 소심한 사람일까? 나부터 장애 학생들을 안쓰러운 존재로 보고 있지는 않은지 다시 한 번 돌아본다.

장애가 아니라 존재가 먼저

"선생님, 다녀오겠습니다."

"야, 가티 가."

매일 아침 위층에서 들리는 두 녀석의 목소리. 그 끝에는 어김없이 와다닥 계단을 뛰어 내려오는 소리가 들린다. 아이들이 특수학급에 내려올 때 벌어지는 일과다. 이 소리로 하루가 시작된다. 이런 일상은 통합학급 담임이던 소선아 선생님이 만들었다. 소선아 선생님은 아이들이 특수학급에 내려갈 때 "다녀오겠습니다.", 특수학급 수업이 끝나고 교실로 돌아갈 때 "다녀왔습니다." 인사하도록 가르쳤다. 우리 아이들에게는 꾸준하고 일관성 있는 교육이 정말 중요한데, 소선아 선생님이 1년 동안 정말 꾸준히 가르치셨다. 그 가르침을 보면서 나는 작은 것 하나도 꾸준히 일관성 있게 지도하는 자세를 배웠다.

사실 기본적인 인사가 잘 지켜지는 통합학급이 많지 않다. 시간표를 읽을 줄 아는 아이는 스스로 시간 맞춰 특수학급과 통합학급을 오간다. 시간표를 읽지 못하는 아이는 또래 도우미나 특수교육 보조 인력의 도움을 받아 특수학급과 통합학급을 오간다. 담임선생님이 여유 있을 때는 아이와 눈 맞추고 인사를 나누지만 여유 있기가 쉽지 않은 것이 현실이다. 학급 학생들 과제 챙기기, 가정통신문 수거를 비롯해 갖가지 업무로 하루도 바쁘지 않은 날이 없기 때문이다. 그러니 담임선생님이 특수교육 대상자를 챙기는 일은 '여유'보다 '마음'에 관한 일로 보는 편이 정확할 것이다. 특수교육 대상자를 '우리 반 아이'가 아닌 '특수학급 아이'로 보는 마음, 내가 신경 쓰지 못해도 특수교사가 챙기겠지 하는 마음, 특수교육 대상자를 어떻게 대해야 할지 모르겠다고 핑계 대는 마음, 매일 똑같은 반복이 성가시다는 마음, 교사가 마음을 덜 써도 학생이 모른다고 착각하는 마음, 교실에서 많은 아이들이 다 보고 있다는 것을 미처 생각하지 못하는 마음……. 이런 마음이 쉽게 자리 잡기 마련이니 말이다.

신인류로 불릴 만큼 개성 넘치는 아이들과 매일 사투를 벌이는 담임선생님들의 수고를 모르지 않는다. 특히 특수교육 대상자가 있는 통합학급의 담임교사는 마음 써야 할 것이 많아서 더 수고로울 것이다. 그러나 교사가 신경 쓰는 정도에 따라 학급의 정서가 달라진다는 것도 분명한 사실이다. 교사가 특수교육 대상자를 온전한 학급 구성원으로 인식하고 받아들일 때 학생들도 특수교육 대상자를 학급 구성원으로 인식한다. (적극적으로 함께 놀지 않아도 괴롭히는 일은 없다.) 더 나아가 교사의 '장애에 대한 인식' 또는 '다양성에 대한 존중' 정도가 학생들이 사회적 소수자에 대한 인식을 형성하는 데 영향을 준다. 아이가 어른의 그림자를 보고 자란다는 말처럼, 잠재적 교육과정이 있는 셈이다.

소선아 선생님 학급의 학생들은 들꽃들을 '도와야 할 친구'보다는 '가끔 도움이 필요한 친구'로 인식했다. 곱씹어 보면 아주 큰 차이가 있는 말이다. 도와야 할 친구는 수동적인 존재지만, 가끔 도움이 필요한 친구는 자립성을 인정받는 존재다. 특수교육 대상자도 교실에서 담임선생님하고 친구들과 노는 것을 좋아한다. 어쩌다 나한테 혼나면 손가락으로 학년 교실 쪽을 가리키며 "위에 가. 여기 안 와!" 하고 반협박(!)을 일삼는다. 특수교육 대상자들에게 특수학급이 마음 둘 곳이나 쉴 곳 등 피난처로 인식되기 십상이지만, 소선아 선생님 반의 특수교육 대상자들에게는 특수학급과 통합학급의 차이가 없었다. 두 학급을 다 좋아했다. 그게 바로 소선아 선생님의 마음 씀씀이 덕이라고 생각한다.

네 시간만 버티면 '불금, 꿀금, 황금'이 시작될 어느 오후였다.

"선생님, 잠깐 할 얘기가 있는데……."

점심 식사를 마치고 잠깐 쉬는데 2학년 통합학급 선생님이 말을 걸었다.

"체육 선생님이 우리 반 현아하고 상민이 때문에 너무 힘들다고 하시네."

그 순간 욱하는 마음이 명치를 치고 올라왔다. 당장이라도 체육 선생님의 의견에 반박하고 싶지만 한 박자 쉬고, 어떤 뜻에서 나온 말인지 들어 보기로 했다.

"애들이 선생님 말을 제대로 이해하지 못하니까 다른 아이들과 수업이 잘 안 되고, 싸움도 잦아지고……. 그러다 다칠까 봐 걱정돼서……."

"……."

"우리가 번갈아 가며 체육 시간에 지원 나가도 좋을 것 같은데, 그건 체육 선생님이 부담스러운가 봐요. 그래서 현아하고 상민이 체육 시간에 특수학급에서 데리고 있어 주는 건 어떨지 궁금해."

그때는 창밖 운동장에서 뛰어노는 아이들을 당장 태워 버릴 기세로 태양이 온도를 높여 가는 6월 말이었다. 한 학기가 다 가도록 현아랑 상민이를 어떻게 도우면 좋을지 나한테 물어본 적도 없었다. 1학년 때 소선아 선생님과 함께하며 큰 무리 없이 통합학급에서 또래와 잘 어울렸고, 수업에도 잘 참여한 아이들이다. 겨울방학을 보내면서 불쑥 큰 키만큼 학교생활 실력도 꽤 커 있었다. 그래서 나는 이 아이들이 2학년 생활에 적응하는 데 큰 어려움이 없다고 생각했다. 그런데 갑자기 또래와 수업하기가 힘들 것 같다니……. 그럼 지금까지 아이들이 체육 시간에, 통합학급 수업 시간에 어떻게 지내 왔는지가 궁금했다.

'불끈' 그리고 '울컥' 올라오는 것을 꾹 참고, 차분하게 입을 뗐다.

"선생님, 그건 아니지 싶어요. 지금 6월인데……, 이제 와 우리 아이들이 힘들게 한다는 건 이해가 안 돼요. 장애를 이유로 학생의 교육적 참여를 배제하는 건 법적인 규제 대상이에요. 또 수업 시간표를 바꾸는 건 개별화교육지원팀 회의에서 동의받아야 할 일이고요. 제 생각에 우리 아이들은 지원이 필요한 정도가 아닌 것 같기도 해요."

선생님이 내 반응에 적잖이 당황한 것 같았다. 좀 더 있으면 서로 마음 상하고, 언성을 높일 수도 있겠다는 생각에 자리에서 일어났다. 교실에 돌아온 뒤에도 좀처럼 화가 식지 않았다. 지금까지 우리 아이들을 불편한 눈과 마음으로 대했다는 생각에 계속 마음이 언짢았다. 혹여나 그 불편한 눈과 마음을 아이들이 온몸으로 느끼고, 그 때문에 상처받았다면 가만히 있지 않겠다고 생각하고 또 생각했다. 퇴근 후 집에서 책을 읽을 때, 텔레비전을 볼 때, 가족들과 밥을 먹을 때 계속 마음이 울렁였다. 왠지 서운한 마음도 들었다. 주말 내내 이런 감정이 나를 휘감고 흔들어 댔다. 편안한 주말을 보낼 수 없었다.

일요일 저녁 샤워를 할 때까지도 금요일 일 때문에 머

릿속이 머리 위 거품처럼 부글부글했다. 물에 씻겨 내려가는 거품처럼 불편한 감정도 씻기면 좋겠다고 생각하던 찰나 문득 궁금해졌다. '내 마음이 불편한 진짜 이유가 뭐지?' 체육 선생님과 통합학급 선생님의 말을 곱씹어 보았다. 그때까지 부정했지만, 그분들의 말에 아이들을 향한 조금 다른 애정이 숨어 있었다. 수업 시간에 다툼으로 다칠까 봐 염려하는 마음, 수업 내용을 이해하지 못해서 의미 없는 시간을 보낼까 봐 염려하는 마음. 다만 아이를 생각하는 마음이 잘못 표현되었다. 선생님들의 제안도 옳은 방법은 아니다. 어떤 이유로든 학생의 수업권을 침해할 수는 없다. 특히 장애라는 이유로는 말이다.

우리 모두 각자의 방법으로 서로를 아끼고 사랑한다. 악의가 없는 방법이라면 나쁘다고 할 수 없다. 그러나 최선이라는 것이 있다. 통합교육의 최선은 학생의 장애가 아니라 존재를 앞에 두는 것이다. 우리 아이들이 존재로 받아들여지도록 내가 할 수 있는 일을 하기로 했다. 전담 시간과 통합학급 수업 시간에 우리 아이들이 잘 적응하는지 좀 더 살펴보기, 필요한 게 뭔지 관찰하고 지원하기, 아이들의 학교생활을 주제로 선생님들과 더 자주 소통하기, 친구들과 수업에 참여할 때 지켜야 할 예절을 가르치기.

내가 할 수 있는 최선을 다했는데도 그날과 같은 일이 반복된다면……, 그땐 두 주먹 불끈 쥐고 말해야지.

"선생님, 잠깐 저 좀 보시죠!"

신바람 나는 바퀴가 되려면

　　교사가 되고 좋은 점이 여럿 있지만, 직장에서도 혼자 에너지를 충전할 수 있는 '교실'이라는 공간이 있다는 점이 가장 좋다. 힘든 날 교실 구석에 앉아 커피를 마시며 마음을 달랠 수 있고, 나와 들꽃들이 함께 만든 노력의 흔적으로 공간을 꾸밀 수 있다는 게 나한테는 참 매력적이다.

　　왁자지껄하게 하루를 잘 보내고 들꽃들이 모두 집으로 돌아간 어느 날, 정훈이 담임선생님이 커피를 들고 우리 교실에 왔다. 이야기를 나누고 싶다고 했다. 정훈이가 있는 통합학급을 운영하기가 힘들다는 이야기였다. 나는 그 말이 이해되지 않았다. 그 선생님도 정훈이가 특수학급에서 아무 문제 없다는 내 말을 이해하지 못했다. 대화하다 보니 정훈이의 이중생활을 알게 되었다. 특수학급에 있을 때는 교구 정리를 잘하고 친구들에게 짜증도 내지 않는 정훈이가 통합학급만 가면 뭐가 불안한지 친구들에게 소리를 지르고 물건을 던진다는 것이다. 이날 많은 대화를 나눈 우리 두 사람은 정훈이의 불안한 이중생활을 안정화하기 위해 계획을 짰다. 결말은 행복했다. 정훈이는 안정을 찾았고, 통합학급 선생님과 나는 사적으로도 가까운 사이가 되었다.

이제 막 발령받은 특수교사가 소홀히 생각하기 쉬운 것이 있다. 바로 '협력'이다. 내 학급만 잘 운영하면 할 일을 다 했다고 착각하는데, 바로 내가 그랬다. 나는 특수학급에서 들꽃들과 정말 '열심히' 공부했다. 그런데 경력이 쌓일수록 들꽃들을 위해 해야만 하는 것이 '협력'이라는 것을 몸소 깨달았다. 특수교사는 많은 분야의 사람들과 함께 일해야 하는 초학문적 영역의 전문가다. 학생의 보호자뿐 아니라 통합학급 담임교사, 관련 서비스 담당자(치료사), 특수교육 보조 인력 등과 소통하고 협력해야 한다. 모든 관계가 중요하지만 가장 중요한 사람을 선택하라고 한다면 (학생이 일반 학급-특수학급에 배치받았다는 전제하에) 통합학급 담임교사와 보호자다.

특수교사, 통합학급 담임교사와 보호자의 협력은 장애학생 교육에서 절대적으로 중요하다. 바퀴에 비유하자면, 중심축인 아이를 지지하는 튼튼한 살대가 되어야 한다. 세 살대가 저마다 제구실을 잘하면서 똘똘 뭉쳐야 바퀴가 작은 돌멩이를 피하고 큰 언덕을 거뜬하게 넘어갈 수 있다. 어느 하나라도 제구실을 못 하면 작은 돌멩이에도 걸려 넘어진다. 어떤 바퀴는 세 살대가 잘 맞아 휙휙 굴러가나 하면, 어떤 바퀴는 살대가 부러져 덜컥거린다. 때로는 세 살대가 다 부러져 아예 굴러가지 않기도 한다. 잘 굴러가는 바퀴라면 가는 길이 힘들어도 신이 나지만 잘 굴러가지 않는 바퀴라면 바퀴로 존재하는 것조차 어렵다.

내가 정말 신나게 구르는 바퀴 같던 때가 있다. 통합학급 담임교사, 보호자와 긴밀하게 협력해서 아이의 변화를 이끈 때다. 통합학급 담임교사와 수업이나 학급 운영에 대해 많은 부분을 공유하는 것이 중요했다. 우리는 서로 교실을 공개하고 자주 드나들면서 들꽃이 통합학급 수업에서 배제되지 않도록, 다른 학생들이 들꽃들과 공부할 수 있도록 많은 상황을 구조화했다. 한번은 '여름 과일'을 주제로 수업을 짰다. 먼저 특수학급에서 여름 과일 사진과 실물 연결하기, 여름 과일 이름 알기 활동을 한다. 일대일 수업을 하면서 들꽃이 어떤 여름 과일 이름을 아는지, 무슨 과일을 먹어 보았는지 등을 알아내 간단하게 기록한다. 이 기록을 공유받은 통합학급 담임교사는 여름 과일로 화채 만들어 먹기 활동을 한다. 그러면서 들꽃이 화채를 만들 때 어떻게 반응했는지, 또래와 어떻게 상호작용했는지 등을 기록한다. 물론 이 기록을 특수교사와 공유한다. 그리고 교사들의 기록을 보호자와 나눈다. 보호자는 기록을 보며 학교에서 일어난 일을 화제

삼아 아이와 이야기를 나눈다. 대화 내용은 다시 교사들과 공유한다. 때로 보호자와 들꽃이 학습 내용을 복습하기도 한다. 모든 수업을 이렇게 진행하지는 않는다. 한 달에 한두 번 계획하고 실천하기도 힘들지만, 막상 해 보면 그 무엇보다 신나는 경험이다.

내놓고 말하기 부끄러운 일이 있다. 통합학급 담임교사와 마음이 맞지 않아 어렵던 때가 있다. 학기 초에 대화하다 상대의 말에 상처받은 두 사람이 같이 일하기를 포기한 것이다. 들꽃에 대해 전혀 대화하지 않았다. '내 일'과 '네 일'을 구분하며 보이지 않는 기싸움도 했다. 보호자가 들꽃 일로 전화하면 "그건 담임교사에게 말하세요." 또는 "그건 특수교사 책임이네요." 하며 서로 떠넘겼다. 시간이 흐를수록 상처는 커지고, 결국 들꽃과 보호자가 해를 입었다. 바퀴의 살대가 제구실을 못 하니 들꽃은 어제도, 오늘도, 내일도 늘 제자리걸음이었다. 보호자와 마음이 맞지 않아 힘들던 때도 있다. 초임이라고 무시하며 교사를 믿지 않는 보호자, 우리 아이만 바라보기를 원하는 보호자, 작은 상처에도 예민하게 반응하며 나를 의심하는 보호자, 아이에게 크게 관심과 기대가 없는 보호자 등을 만나면 나도 힘이 빠졌다. 속이 상하고 함께 마음 맞추기가 싫었다. 보호자와의 관계가 좋지 않으면 괜히 들꽃도 조금 덜 예뻐 보이기도 했다. 이런 상황에서 상처받고 피해 보는 것은 역시 들꽃이다.

들꽃이 상처받거나 해를 입지 않도록 하는 것이 중요하

다. 그래서 지금 내가 실천하는 소통 방법이 '학교생활 알림장 쓰기'다. 비장애 학생들은 학교에서 겪은 일을 보호자에게 미주알고주알 이야기하지만, 들꽃들은 그러기가 쉽지 않다. 이런 들꽃들의 특성을 고려해서 시작한 것이 알림장 쓰기다. 특수교사가 특수학급에서 수업한 내용과 아이가 겪은 일을 알림장에 적는다. 특별한 일이 있었다면 통합학급 담임교사도 그 알림장에 간단히 기록을 남긴다. 보호자가 기록을 보고 더 자세한 설명이 필요하다고 판단하면 교사에게 전화한다. 특별한 게 없으면 간단한 의견이나 감사의 말 또는 집에서 있었던 일을 기록한다. 다음 날 아이가 등교하면 특수교사와 통합학급 담임교사가 전날 기록을 보고, 필요할 경우 대화를 나눈다. 이게 일상이다. 물론 지금 우리 반 들꽃 여섯 명 모두에게 이 방법을 적용하지는 않는다. 잘 굴러가는 바퀴도 있고, 삐거덕대는 바퀴도 있기 때문이다. 매일 아이의 학교생활을 기록하는 일이 녹록지는 않다. 그래도 이 힘든 일을 고수하는 건 작디작은 소통이 바퀴가 잘 굴러갈 수 있게 윤활유 구실을 톡톡히 하기 때문이다.

언제나 중심은 들꽃이다. 들꽃을 중심에 두고 세 살대가 똘똘 뭉칠 수 있기를 바란다. 그러려면 저마다 자리에서 서로 존중하며 제구실을 잘해야 한다. 특수교사는 통합학급 담임교사와 보호자가 겪을 수 있는 어려움을 이해하고 공감해야 한다. 또 아이에게 필요한 전문적 지원을 할 수 있어야 한다. 통합학급 담임교사는 '특수교육 대상자가 우리 반 아이'라고 인식할 필요가 있다. 아이가 할 수 없는 것보다 할 수 있는 것에 초점을 맞추고, 아이에 대한 편견 없이 온전한 학급 구성원으로 받아들여야 한다. 보호자에게는 학교와 교사를 믿는 마음이 필요하다. 내 아이만이 아니라 모든 아이가 소중하다고 여기고, 아이가 세상에서 살아가기 위해 학교에서 배워야 할 것에 대해 생각하고 학교에 요청할 수 있어야 한다.

획획 구르는 바퀴, 그 바퀴는 힘들어도 신바람이 난다. 신바람 나는 바퀴가 되기 위해 오늘도 각자의 자리에서 최선을 다하고 있는 우리 모두에게 응원과 격려의 박수를 보낸다. 짝짝!

아직 터널 안이라도 괜찮아요

　나는 내가 일하는 지역에서 특수교육 대상자 선정과 배치를 위한 진단 평가 위원으로 활동하고 있다. 신규 특수교육 대상자 선정을 위해 특수교육지원센터에서 보호자 상담과 학생 진단 평가를 하던 날이었다. 젊은 엄마가 작은 아이를 이끌고 들어왔다. 이 두 사람의 뒤를 따르다 나를 보고 걸음을 흠칫 멈춘 아빠의 품에는 갓난아이가 있었다. 아이들의 부모가 모두 감정은 집에 두고 온 듯 무표정한 얼굴이었다.

　곧 상담이 시작되었고, 아이 엄마가 죄라도 지은 듯 내 앞에서 얼굴을 바로 들지 못했다. 바짝 마른 이야기를 듣다 보니 안타까운 마음이 들어 온기를 불어넣었다. 정말 애쓰셨다고, 잘 버텨 주셔서 고맙다고, 아이의 교육을 위해 좋은 방향을 함께 찾아보자고 한 것으로 기억한다. 그 온기가 닿았는지 아이 엄마가 상담 내내 바닥만 보다가 조금씩 고개를 들고 나를 보기 시작했다. 고마웠다. 고개를 든 아이 엄마의 두 눈에 고단함과 슬픔이 잔뜩 어려 있었다. 마치 힘들다고, 무섭다고 말하는 것 같기도 했다.

엄마의 바짝 마른 이야기가 이어지는 내내 아이는 자리에 가만히 있지 못했다. 계속 어딘가로 돌진하고, 창턱에 올라섰으며, 제자리에서 소리 지르며 방방 뛰기도 했다. 아이 엄마와 나는 그런 아이를 그냥 두었다. 위험한 행동만 하지 않도록 했다. 아무래도 자폐성 장애가 의심되었다. 검사하는 동안 "아니요."라는 답만 하는 아이 엄마……. 그 검사가 마치 '당신의 아이에게 약간, 아니 꽤 많이 문제가 있다'고 말하는 것 같았다. 부모가 온몸으로 거부하는 사실, 이미 알면서도 인정하고 싶지 않은 사실을 내가 기어코 확인시키는 것 같아서 마음이 너무 무거웠다. 두 사람에게 잔인하게 느껴졌을 상담과 진단 평가가 끝나고, 아이 엄마가 상담실에 들어설 때처럼 무표정한 얼굴로 아이를 끌고 나갔다.

문득 들꽃 보호자들의 얼굴이 떠올랐다. 세상에 둘도 없는 사랑스러운 내 아이가 장애라는 말을 처음 듣던 날 마음이 어땠을까? 내가 이 책을 쓰고 있다고 이야기하자 평소에 친분 있던 들꽃의 보호자가 당신이 쓴 일기를 찍어 몇 컷 보내 주셨다. 울컥하고 눈물이 났다. 태어나 처음 '엄마'라고 불린 날, 길 한가운데서 마구 떼쓰는 아이를 번쩍 들어 사람들의 시선을 피하던 날, 아이 스스로 감정 추스르기가 힘들어서 방방 뛰며 머리를 쩧어 대도 가만히 지켜볼 수밖에 없던 날, 아이를 치료해 보겠다고 치료실을 전전하던 날, 유예와 입학으로 고민하는 밤을 숱하게 보내고 학교라는 사회로 아이를 보내던 날, 아이에게서 처음 "사랑해."라는 표현을 받은 날. 감히 내가 헤아릴 수 없는 그 숱한 날…… 보호자들의 마음은 어땠을까? 그냥 마음이 아리고 눈물이 맺혔다. 내가 보호자의 고단함과 아픔을 온전히 이해하고 어루만지는 교사는 아닌 것 같아 자책도 했다. 가끔 무리한 요구를 하거나 나를 힘들게 하는 보호자를 만나면 볼멘소리를 했기 때문이다. 배운 게 있어서 말로는 특수교사의 가장 좋은 파트너가 보호자라면서도 교육의 진정한 파트너, 가장 좋은 파트너로 보호자를 인정하고 존중하는지는 반성할 수밖에 없었다.

한편으로 화도 났다. 장애아를 양육하는 보호자가 '아이보다 단 하루만 더 사는 게 소원'이라고 말하던 장면이 생각났기 때문이다. 언제까지 장애의 무게를 개인과 가족이 감당해야 하나? 장애와 상관없이, 태어남과 동시에 존재 자체를 축복받고 인정받을 수는 없을까? 그런 날이 올까? 가족 중에 발달장애인이 있어도 걱정 없이 직장에 다니고, 친구를 만나고, 취미 생활을 하는 세상이 올까? 실효성 있는 발달장애인 국가책임제는 대체 언제쯤 실현될까? 그런 사회를 만들기 위해 내 자리에서 할 일은 뭘까?

언젠가 특수교사이면서 장애인인 친구가 한 말이 떠올

랐다. 유전으로 그 친구의 아이도 장애가 있는데, 나는 그 친구가 조기 특수교육의 중요성을 아니까 아이를 잘 양육할 거라고 생각했다. 하지만 그 친구의 입에서 정말 뜻밖의 말이 나왔다.

"나, 우리 아이한테 장애가 있는 걸 알고 병원에 데려가기까지 2년이 걸렸어. 내가 특수교사고 유전병으로 아이도 그럴 수 있다는 걸 머리로는 다 알았는데, 마음으로 받아들이는 데 시간이 필요하더라. 나한테 그 시간이 깊은 터널 같았어."

친구한테 이런 말을 들은 뒤 나는 보호자를 대하는 태도가 180도 달라졌다. 그 전에는 보호자가 아이를 객관적으로 보지 못할 때 '왜 저러지? 아이가 새로운 환경을 불안해해서 통합학급에 가면 돌발 행동 하는 거 뻔히 알면서 특수학급 시간을 최소한으로 줄여 달라면 어쩌겠다는 거야.' 하며 답답해하고 불평불만이 많았다. 그리고 보호자가 원치 않을 직언으로 그 마음에 기어코 비수를 꽂았다. 그러던 내가 '아, 알지만, 알고 있지만 마음으로 받아들이는 데 시간이 필요하구나.' 하고 보호자의 마음을 받아들이게 된 것이다.

가 보지 못한 길에 대해, 살아 보지 않은 타인의 삶과 그 무게에 대해 쉽게 말하는 사람들이 많다. 부끄럽지만 나도 그랬다. 저마다 감당해야 하는 삶이 있다. 다른 사람의 삶을 저울질할 권리는 누구에게도 없다. 내가 경험하지 못한 타인의 삶을 따뜻한 눈빛으로 보고, 너무 지친 사람에게는 따뜻한 손을 내밀어 온기를 나누면 어떨까? 그렇게 서로 나눈 온기로 한 걸음 더 다가가서 함께 무게를 감당해 주면 좋겠다. 특수교사로 살아 보지 못한 보호자는 특수교사로서 나의 삶을 존중하고, 장애아의 보호자로 살아 보지 못한 나는 보호자의 삶을 존중하며 우리가 한 목표를 향해 가고 있다는 사실을 잊지 않으면 좋겠다. 그 목표는 아이들의 행복이라는 것을……

교사와 보호자는 동지

"아야!"

블록 놀이를 하던 연우의 손이 또 내 얼굴로 왔다. 블록이 원하는 대로 연결되지 않았나 보다. 그 덕에(?) 새로 장만한 지 보름이 안 된 안경이 부서졌다. 올해만 벌써 여섯 번째다. 처참하게 날아가 부러진 안경다리를 보고 있자니 내 안에서 불끈 하며 뭔가 솟아오른다. 교사도 사람인지라, 맞거나 물리면 아프다. 무엇보다 마음이 상한다. 당장 큰 소리로 연우를 야단치고 싶지만 그럴수록 더 침착하고 단호해야 한다.

"정연우, 방금 선생님 얼굴 때렸지요? 약속 기억하지? 선생님 때리거나 물면 블록 놀이 그만두기로. 블록 정리하세요."

내 말이 끝나기가 무섭게 연우의 2차 도전 행동이 시작된다. 연우와 내가 만든 블록 동물원은 부서진 채로 교실 바닥에 나뒹굴고, 화를 이기지 못한 연우는 소리를 지르며 책상에 머리를 쾅쾅 박는다. 혹여 다칠까 걱정돼 내가 책상에 조용히 올려놓은 수건은 곧 바닥에 내던져진다. 쾅쾅 머리 박는 소리가 날 때마다 내 마음에도 쾅쾅 못이 박히는 것 같다. 연우의 도전 행동이 더 거칠어진 건 스스로 어떤 행동을 했는지, 왜 블록 놀이를 멈춰야 하는지 알기 때문이다. 다 알지만 블록 놀이를 못 해서 속상하고 선생님의 안경을 또 부러뜨려서 미안한 마음을 말로 표현하기가 너무 어렵기 때문이다. 연우처럼 의사소통에 어려움을 겪는 상황에서 많이 일어나는 도전 행동은 다른 사람과 상호작용을 하는 데 제약을 만들어 사회생활을 어렵게 한다.

"블록 놀이 그만하려니까 속상하지? 선생님도 속상해. 그래도 약속은 지켜야지. 정리하세요."

내 단호한 태도에 연우의 행동이 더 거칠어진다. 그렇다고 내가 흔들리면 앞으로 연우가 비슷한 상황에서 더 쉽게 도전 행동을 시작할 것이다. 내가 할 수 있는 건 없다. 마음이 아리다. 그래도 마음을 단단히 먹고 연우의 행동이 잠잠해질 때까지, 연우가 '안 되는 것'을 '안 되는 것'으로 배울 때까지 곁을 지키며 같이 견딜 뿐이다.

이렇게 연우에게도 나에게도 지옥 같은 시간이 시작된다. 어떤 날은 곧 잠잠해지고, 어떤 날은 한 시간 넘게 이어지기도 한다. 이번엔 얼마나 지나야 할까? 연우의 마음이 풀리는 시간을 알 수 없는 나는, 그저 기다린다. 시간이 더디게만 흐른다. 드디어 도전 행동이 잠잠해진다. 잘 견뎌 낸 연우와 내가 서로 안고 온기를 나눈다. 얼마 있다 연우에게 하고 싶은 말을 한다.

"연우야, 블록 놀이 못 해서 속상했지? 선생님도 연우가 얼굴 때려서 속상했어. 아무리 화나고 짜증 나도 사람을 때리면 안 돼. 그러니까 다음에 블록 놀이 하다 블록이 잘 안 맞춰지면 선생님한테 가져와. 도와줄게. 아니면 '도와주세요' 카드를 줘도 좋아."

연우는 대답이 없다. 연우 이마에 송골송골 맺힌 땀을 손바닥으로 닦고 녀석의 등을 쓰다듬는다. 지친 연우는 내 손길이 싫지 않은지 가만 있다. 나도 지쳤다. 연우가 내 등을 토닥여 주면 좋겠다. 이럴 때면 한없이 지치고 슬퍼지기 때문이다. 나도 모르게 눈물이 그렁그렁해지면 연우가 내 손을 잡아 내 눈가로 가져간다. 녀석, 제 손으로 닦아 주지……. 피식 나온 웃음에 연우가 내 마음이 풀린 줄 알고 제 얼굴을 내 얼굴에 가까이 대며 장난을 친다. 미안함을 나타내는 또 다른 방식이다. 이렇게 우리 둘 다 오늘을 무사히 잘 버텼다.

연우는 중도 자폐성 장애 학생이다. 자기 의도를 담아 표현하는 언어인 자발어가 전혀 없고, 대부분의 의사 표현을 몸으로 한다. 기분이 좋으면 크게 박수를 치고, 기분이 상하면 제 머리를 박거나 곁에 있는 사람을 손으로 때린다. 내가 부족한 탓일까? 그림 카드로 마음 상태나 요구 사항을 표현하며 의사소통하는 법을 가르쳤지만, 일상생활 중에 특히 감정이 격해지는 상황에서는 카드를 쓰기가 쉽지 않았다. 그럴 때마다 연우 마음을 내가 대신 읽고 말로 표현했다. 그런데 이마저 연우의 마음에 들지 않는 날이 있다. 내가 연우 행동을 보고 읽은 연우 마음은 결국 추측일 뿐이기 때문이다.

"선생님, 안경이?"

"허허, 오늘 우리 아들내미 이마에 훈장 달았네요. 별일은 아니고요, 블록 놀이 하다가 제 뜻대로 안 됐는지……."

"어휴! 선생님, 죄송해요."

"어머니가 왜 죄송해요? 그 말은 연우, 이 녀석이 해야죠. 집에 가서 연고 발라 주세요."

연우를 데리러 온 어머니가 연신 고개를 숙인다. 나도 미안해서 고개를 숙인다. 오전에 일어난 일로 연우 이마에 혹이 하나 생겼다. 연우 어머니와 내 마음에도 혹이 하나 생겼다. 연우 이마에 생긴 혹은 얼마 지나면 흔적도 없이 사라질 테지만, 연우 어머니와 내 마음에 생긴 혹은 쉬 사라지지 않는다. 같은 상처가 있는 우리는 동지애를 느낀다. 연우가 도전 행동을 할 때 우리 심정이 어떤지, 말하지 않아도 알기 때문이다.

이렇게 동지애를 느끼면 교사와 보호자가 조금씩 한편이 된다. 그러나 여기서 멈추면 완전한 한편이 될 수 없다. 각자 자리에서 뭘 하면 좋을지 치열하게 고민하고 싸워야 비로

소 동지가 된다. 연우의 모든 행동에는 이유가 있다. 그 행동에는 말하려는 내용, 언어의 기능이 숨어 있다. 연우가 왜 도전 행동을 시작했는지 하나하나 짚어 본다. 그리고 어떻게 하면 사회적인 방법으로 자신을 표현하도록 할지 고민한다. 보호자와 교사가 이런 고민을 나누고, 학교와 가정에서 일관된 교육을 한다. 가끔 유혹이 찾아온다. 안쓰럽다, 일이 커지는 게 싫다, 도전 행동에 대해 지도할 상황이 안 된다는 등 갖가지 이유로 일관성과 냉정을 잠시 내려놓고 싶은 유혹이다. (이런 유혹에 빠지지 않는 사람이 있을까? 다만 교사와 보호자는 유혹에 넘어간 날도 솔직하게 공유해야 한다.)

보호자와 교사의 의견이 달라 갈등이 생길 때도 있다. 그럼 서운한 마음이 생기기도 한다. 그러나 이 갈등도 아이의 성장을 치열하게 고민해서 거치는 과정임을 서로가 알아주면 좋겠다.

당신이 누리는 특권

2017년에 강서구의 공립특수학교 설립이 사회문제로 대두되었다. 그때 특수학교 설립을 반대하는 주민들 앞에서 무릎을 꿇고 눈물로 호소하는 어머니들의 모습에 목이 메었다. 어머니들의 바람은 하나였다.

"우리 아이도 집에서 가까운 학교에 다닐 수 있게 해 주세요."

주민들은 특수학교가 들어서면 집값이 떨어질 거라고 걱정하며 한방병원을 지어서 지역경제가 활성화되기를 바랐다. 서울 강남에 자리 잡은 특수학교인 밀알학교의 경우를 보면, 특수학교가 생겨서 집값이 떨어진다는 것은 기우다. 사실 밀알학교가 생기면서 지역경제가 활성화되었고, 학교 시설을 주민들도 이용하면서 생활이 더 윤택해졌다. 강서구의 공립특수학교 서진학교는 서울시교육감과 강서구 국회의원, 주민 등이 2018년 9월에 '새 교육청 부지가 나오면 한방병원 건립에 우선 협조한다'는 조건으로 합의하면서 설립 쪽으로 갈등이 마무리되었고, 2020년 3월에 개교했다.

집 근처에 학교가 없어서 왕복 두세 시간이나 되는 거리의 학교에 다닌다, 비장애인이라면 절대 상상도 못한 일일 것이다. 그런데 장애 학생들은 실제로 집 근처에 특수학교나 특수학급이 없어서 또는 특수학급의 법적 정원이 차서 그렇게 먼 학교에 다닌다.

지금은 지역의 몇몇 학교에만 특수학급이 있다. 모든 학교에 특수학급을 설치하면 기존 특수학급의 과밀 문제가 해결된다. 또 장애 학생들이 집에서 가까운 학교에 다닐 수 있다. 통합교육 기회도 자연스럽게 많아질 것이다. 지역 사회에서 장애인들을 볼 기회가 많아지면 비장애인들이 장애인들에게 익숙해질 것이다. 장애인과 비장애인이 함께 살아가는 지역 사회는 이렇게 시작해야 하지 않을까?

어느 날 정훈이 어머니가 정훈이를 작은 학교로 전학시키는 문제로 상담하고 싶다며 교실에 찾아왔다. 정훈이는 별 탈 없이 학교생활을 잘하고 있던 터라 나는 갑작스러운 상담 요청이 당혹스러웠다. 자초지종을 들어 보니 주말에 집 앞 놀이터에서 일이 있었다. 이웃이기도 한 같은 반 친구 엄마들이 자폐성 장애가 있는 정훈이를 탓하며 어머니에게 무례하게 행동했다. 정훈이가 수업 방해하는 것 아시느냐, 정훈이 같은 아이는 작은 학교나 특수학교로 가야 하는 것 아니냐는 말로 엄마 가슴에 대놓고 방망이질을 한 것이다. 이 일을 겪고 나로서는 감히 상상할 수 없는 긴긴밤을 보낸 끝에 상담하러 온 정훈이 어머니는 한숨도 못 잔 듯 피폐한 얼굴이었다. 화가 났다.

"어머니! 그렇게 말하는 사람들한테 뭐라셨어요?"

"죄송하다고 했죠. 정훈이 때문에 수업 흐름에 방해받는 건 사실이잖아요."

"죄송하긴 뭐가 죄송해요. 제가 막 화가 나네요. 학교는 공부만 하는 데가 아니에요. 같이 사는 법을 배워야죠. 학교에서 공부만 한다고 생각하는 사람들이 이상한 거예요. 어머니한테 무례하게 행동한 사람들이 죄송하다고 해야지, 왜 아무 죄 없는 어머니가 죄송하다고 해요? 정훈이 키우는 게 죄송할 일은 아니잖아요. 엄마 잘못 아니잖아요."

내 분노에 잠시나마 속이 시원했는지, 정훈이 어머니의 눈물이 차오르는 게 보였다. 죄송하다……. 장애아 보호자를 그림자처럼 따라다니는 말, 장애아 보호자가 숨처럼 뱉는 말이다.

예전보다 많이 나아졌다지만, 편의 시설이 없어서 장애인이 건물을 이용하는 데 어려움을 겪는 경우가 아직도 적지 않다. 내가 일하는 학교도 뒤쪽 건물은 지체 장애 학생이 이용할 수 없다. 엘리베이터가 없기 때문이다. 체육관도 학교 본관과 너무 떨어져서, 비라도 오는 날엔 보조 인력이 우산을 쓰고 휠체어를 밀면서 가야 하는 불편이 있다. 많이 보급되었다는 저상버스도 지역에 따라서는 여전히 그림의 떡이다. 장애인에게 시외버스와 고속버스 이용은 정말 어렵다. 장애인 전용 콜택시도 며칠 전에 예약해야 이용할 수 있을 정도로 부족한 형편이다. 시각장애인은 아직 점자블록 설치율이 높지 않아 자립 보행에 어려움이 있다. 심지어 어떤 가게는 점자블록 위에 간판을 세우거나 좌판을 벌이기도 한다. 안내견과 대중교통을 이용하려다 장애인이 승차 거부를 당한 경우, 장애인 안내견에 대한 이해가 부족해 함부로 음식을 주거나 만지는 경우도 종종 뉴스에서 접한다.

한편 코로나19 대유행은 청각장애인의 삶에도 불편을 더했다. 모든 청각장애인이 수어로 의사소통하지는 않는다. 입술의 움직임으로 상대의 말을 읽는 독화로 의사소통하는 청각장애인도 많다. 그런데 정부 관계자들이 코로나19 관련 브리핑을 할 때, 또는 TV 시사나 예능 프로그램에서 투명 마스크를 쓰지 않아, 독화를 하는 청각장애인의 정보 습득에 제한이 된다.

나는 장애인 주차 구역에 있는 일반 차량을 보면 안전신문고에 반드시 신고한다. (이 글을 읽는 당신도 좀 더 나은 사회를 위해 부디 투철한 신고 정신을 발휘하길 바란다.) 장애인 보호자 운전자용 표지가 붙은 차량의 운전자도 가끔 양심에 어긋나게 행동할 때가 있다. 이 표지가 있어도 주차할 때 장애인이 동승하지 않으면 장애인 주차 구역을 이용할 수 없는데, 조금 편하겠다고 버젓이 이를 무시하는 경우다. 진짜 배려가 필요한 다른 사람이 피해를 입을 수도 있다.

현재 우리나라의 장애인 주차 구역 제도도 생각해 볼 일이다. 보행상의 어려움을 근거로 장애인 본인 운전자용 표지 또는 장애인 보호자 운전자용 표지가 발급되는데, 보행상의 어려움이 뭘까? 언젠가 우리 반 학생들과 내 차로 농촌 체험을 갔다. 현장에 도착해 차가 멈추자마자 한 학생이 차 문을 벌컥 열고 뛰쳐나갔다. 옆자리가 비어 다른 차에 흠을 내지 않아서 다행이고, 안쪽에 주차해 도로로 뛰쳐나가지 않아서 다행이었다. 이런 경우 우리 학생은 보행상 어려움이 있다고 봐야 할까, 없다고 봐야 할까? 스스로 걷고 뛸 수 있다는 점에서 보행상의 어려움은 없다. 그러나 위험 상황을 인지하기가 어렵다는 점에서는 보행상의 어려움이 있다고 볼 수 있다. 결국 장애가 없거나, 장애인을 가까이에서 보지도 못한 이들이 제도를 만들기 때문에 생긴 문제다.

이런 상황을 통틀어 김지혜 작가는 우리 중 누구나 '선량한 차별주의자'가 될 수 있다고 말한다. 개개인이 서 있는 위치가 다르고 바라보는 풍경이 다르기에, 그에 따라 차별하지 않을 가능성은 거의 없다는 것이다. 차별당하는 사람, 권리를 못 누리는 사람이 분명히 있다. 그러나 차별하는 사람, 즉 특권을 누리는 사람에게는 잘 보이지 않는다. 여기서 말하는 특권은 상대적인 개념으로, 나에게는 전혀 불편하지 않은 구조물이나 제도가 누군가에게는 장벽이라는 것을 발견할 때 내가 누리던 것이 특권이었음을 알 수 있다고 한다.

내가 당연하게 누리던 것에 대해 생각해 보면 좋겠다. 나에게는 사소하고 당연하지만 장애인의 자리에서 보면 특권으로 여겨지는 것 말이다. 쉽게 생각나지 않는다면, 당신이 특권을 누리는 선량한 차별주의자일 수 있다는 증거다. 집에서 가까운 학교에 다니는 것, 고속버스를 타고 고향에 가는 것, 영화관 좌석 선택의 폭이 넓은 것, 내 집에서 자유롭게 사는 것까지 다 특권일 수 있다.

상대가 서 있는 자리에서 상대를 이해하려고 해 보면 좋겠다. 그럼 좀 더 많은 이들이 편안하게 살 수 있을 것이다. 장애인이 편안한 사회라면, 비장애인에게는 더 편안할 테니 말이다.

그냥 친구

　　교사에게 개학 첫 주는 정말 정신없는 시간이다. 밥을 코로 먹는지 입으로 먹는지 모를 정도로 바빠, 집에 가면 곧장 곯아떨어지기 일쑤다. 긴 방학 생활에 익숙해진 학생들을 학교생활에 적응시켜야 하기 때문에 바쁜 것이다. 보통 개학하고 한두 주를 통합학급 적응 기간으로 본다. 특수교사들은 이때 통합학급으로 학생 지원을 나가고, 학생 개개인을 진단평가하기도 한다. 그리고 빼놓을 수 없는 업무 중 하나가 통합학급 학생들을 대상으로 한 장애 이해 교육이다. 학년 초에 통합학급 학생들이 특수교육 대상자를 어떻게 인식하고 받아들이냐에 따라 1년 통합교육의 성공과 실패가 좌우된다고 해도 과언이 아니다.

코로나19가 여전히 기승을 떨쳐도 등교할 수 있어서 다행이던 2021년 3월 어느 날, 통합학급 장애 이해 교육을 위해 철저히 준비했다. 교사가 자신이 가장 좋아하는 것을 이용해야 수업을 잘하는 법! 나는 그림책을 좋아하기 때문에 그림책을 활용한 장애 이해 교육을 준비했다. 우리 들꽃 중에 경도 장애 학생도 있고 중도 장애 학생도 있어서 각각 다르게 준비했다.

나는 '장애 학생은 생각 주머니가 작다'는 말을 좋아하지 않는데, 장애 학생의 능력을 낮게 평가하는 말 같아서다. '우리 모두 생각과 마음의 모양이 다르다'고 말하는 편이 좋다. 세상은 다양한 사람들이 어울려 살고, 키가 크거나 작듯 장애가 있거나 없는 사람이 있을 뿐이다. 이런 생각에 기초해, 경도 장애 학생이 있는 학급의 교육은 다양성을 주제로 준비했다. 그림책『파란 공이 나타났다』를 함께 읽고 저마다 자신의 모양을 색종이에 그리고 오리게 했다. 그리고 조를 짜서 각자 오린 모양으로 그림을 꾸며 보자고 했다. 학생들이 미리 상의하고 만들지 않았는데 각자의 모양으로 아름다운 작품이 나오니까 신기해하면서 감탄했다.

"와, 선생님! 우리가 짜고 그린 게 아닌데, 진짜 예쁜 마을처럼 꾸며졌어요."

"우리가 다 다른 모양으로 오린 게 신기해요."

"진짜 다 달라서 예뻐요."

아이들이 좋아하는 모습을 보고 올해 통합학급 장애 이

해 교육은 성공했다는 치기 어린 자만심이 올라와 기뻤다.

다음은 중도 장애 학생들이 있는 학급이다. 이 학급에서는 해당 학생이 겪는 장애의 특성과 장애에 대한 편견을 좀 더 직접적으로 알려야겠다고 생각했다. 그래서 그림책 『곰과 새』를 활용한 수업을 준비했다. 먼저 마음 열기. 'ㅇㅇ 때문에 불편한 점'을 떠올려 보고 『곰과 새』를 읽은 뒤, ㅇㅇ에게 품었던 편견을 다른 관점에서 생각하는 수업이었다.

경도 장애 학생들이 있는 수업을 다 마친 날, 중도 장애 학생들이 있는 학급에 교육하러 들어갔다. 준비한 대로 멋지게 만든 ppt를 열었다. 그리고 이렇게 물었다.

"애들아, 혹시 ㅇㅇ 때문에 학교생활하는 데 불편한 점이 있니?"

학생들의 답이 한결같았다.

"아니요, 없어요."

"불편해도 우리 반 친구니까 괜찮아요."

"우린 ㅇㅇ한테 익숙해요."

아, 땀이 삐질삐질 날 만큼 당황스러운 순간이었다. 내 질문이 잘못됐나? 학생들이 특수학급 선생님이 진행하는 수업인 줄 알고 그에 맞게 정답 같은 말만 하나? 그러나 수업을 진행할수록 들꽃들을 진짜 친구로 생각하는 학생이 많다는 게 자명해졌다. 어린이의 시선과 어른의 시선이 얼마나 다를 수 있는지 깨닫기도 했다. 어쩌면 들꽃들 때문에 학교생활이 불편할 수 있겠다는 생각이 내 편견이었을지도 모른다. ㅇㅇ

가 수업 시간에 하는 행동을 내가 불편하다고 느끼니까, 학생들도 불편해할지 모른다고 생각한 것 같다. 그러나 학생들의 눈에 ○○는 친해지고 싶고, 이해하고 싶고, 알고 싶은 친구였다. 가끔 소리를 지르고 교실에서 방방 뛰지만 친구, 같은 반 친구였다.

그로부터 며칠 뒤 장애 이해 교육에 대한 피드백을 접했다. 학생들이 생각한 장애 이해 교육은 특수학급 선생님이 그림책을 읽어 준 즐거운 시간이었다. 신선했다. 나는 그림책을 활용한 '장애 이해'에 무게를 두었는데, 학생들은 '그림책'에 꽂혔다. 내가 지향하는 통합교육에 대해 생각해 보았다. 비장애인이 장애인을 받아들이는 것 또는 장애인이 비장애인에게 받아들여지는 것을 통합이라고 생각했나? 별로 좋은 생각이 아니다. 받아들이고 받아들여지는 것 자체가 권력관계를 담고 있기 때문이다.

어린이의 시선에서 통합교육은 어떤 의미일까? 어린이들에게 통합은 세계와 세계가 만나는 것이다. 자연스럽게 다름을 인정하고, 서로의 세계가 만나는 것. 그래서 새로운 세계를 만들어 내는 것, 그 세계에서 즐겁게 노는 것이다. 그렇다. 어린이의 시선에서는 남자와 여자, 어른과 어린이, 장애와 비장애 등으로 세계를 가르는 것 자체가 무의미하다. 통합학급 담임선생님에게 들은 말이 있다.

"○○이는 통합학급에서 할 수 있는 게 없어요. ○○이도 가만히 있으려면 얼마나 힘들까 싶어요. 제 생각에는 특수학급에서 하루종일 공부하는 것이 ○○이한테 더 유익할 것 같아요."

　이 말이 ○○이의 세계를 고려한 고마운 말처럼 들릴 수 있다. 그러나 한 번 더 생각해 보면, 아이의 세계를 인정하지 않은 반쪽짜리 친절, 전형적인 어른의 시선이다. '유익하다'는 기준을 누가 정하나? 유익하다는 이유로 행하는 많은 일에 대해 아이가 어떻게 느낄까? 아이의 자기표현과 자기결정권이 보장되었나? 혹시 비장애인의 시선으로 "이렇게 하면 너한테 더 유익할 거야!" 하고 일갈해 버리지는 않았나? 장애인에게 비장애인이 행하는 소극적인 폭력이자 권력 행사는 아닌가? 나는 내 자리에서 그런 폭력과 권력 행사로부터 완전히 자유롭다고 할 수 있을까? 서로 다른 아이들이 한 교실에서 어우러지도록 내가 지원할 수 있는 최선은 무엇일까? 고마운 배려인 듯한 말을 통해 장애에 대한 근본적인 시각차를 확인한 것과 비슷한 맥락에서 장애인이 장애를 극복한 성공 사례를 들려주는 것도 썩 좋지는 않다. 장애는 극복해야 할 것, 약한 것이 아니라 그냥 개인의 특징 중 하나이기 때문이다.

　통합은 저마다 세계를 인정하고 존중하며 만나는 일이다. 어린이들은 정말 자연스레 서로의 세계를 받아들인다. 어린 시절 편을 갈라 놀 때 짝이 맞지 않거나 조금 느린 친구가 있으면 '깍두기'를 만들어 어울리듯 말이다. 참 많은 생각이 스쳤다. 한편으로 안심하기도 했다. 친구들의 마음이 이렇게

따뜻하다면 들꽃들이 학교생활을 하는 데 큰 어려움이 없겠
다고 생각했다. 그 마음을 닮고 싶다.

어른이 되면

상추, 고구마, 감자, 호박……. 우리 집에는 제철 작물이 떨어지지 않는다. 15년 전, 대학에 들어가 특수교육을 막 공부하기 시작했을 때 만난 태민이 덕분이다. 태민이는 가족과 주말마다 농장에서 힘들게 키우고 거둔 채소를 우리 집에 나눠 준다. 내가 처음 본 태민이는 초등학교 1학년이었다. 새내기였던 우리 두 사람이 교회학교에서 만났다. 내가 미래의 특수교사라는 이유로, 지적 장애가 있는 태민이를 일대일로 전담하는 선생님이 되었다. 대학교 오리엔테이션도 다녀오지 않았고 특수교육의 '특' 자도 모르는 초짜지만, 태민이 보호자님은 나를 '선생님'이라고 부르며 극진히 대우했다. 그런 분들과 태민이에게 조금이라도 보탬이 되고 싶다는 마음이 4년 동안 정말 열심히 공부하는 데 큰 힘으로 작용했다.

태민이는 힘이 넘치는 개구쟁이였다. 예배 시간이면 앞으로 뛰어나가 마이크 줄을 끊임없이 돌렸다. 행동이 어찌나 잽싼지, 녀석을 데려오려고 자리에서 일어서면 귀신같이 알고 밖으로 뛰어나갔다. 겨우겨우 데려와 자리에 앉히면 그대로 누워 버렸다. 대학에 갈 때까지 장애인을 가까이에서 겪어 보지 못한 나는, 몸으로 표현하는 태민이의 언어를 이해할 수 없었다. 그럴 때마다 태민이 보호자님과 대화를 많이 했고, 한 해 두 해 함께한 시간이 쌓이면서 태민이가 이해되고 익숙해졌다.

태민이의 미래에 관한 이야기를 보호자님과 많이 나눴다. 대학에 갈 수 있을지, 직장을 구할 수 있을지, 결혼할 수 있을지……. 태민이가 어른이 되는 과정을 잘 거쳐, 때로 적절한 지원을 받으며 독립적으로 살아갈 수 있을지가 늘 화두였는데, 태민이 보호자님들은 그걸 생활 속에서 탐구하기로 하고 실천에 옮겼다. 태민이의 장애를 숨기거나 부끄러워하지 않고, 태민이와 세상으로 나온 것이다. 그때 나는 전주에, 태민이는 남원에 살았다. 보호자님이 남원에서 태민이만 시외버스에 태우면, 내가 전주 시외버스터미널로 태민이를 마중하러 가기도 했다. 덕분에 태민이와 내가 전주 시내를 누비고 나니며 방방(트램펄린)도 타고, 영화도 보고, 맛있는 피자도 먹으며 둘만의 추억들을 쌓아 좋은 관계를 형성할 수 있었다. 지적 장애가 있는 초등학생 아들을 홀로 버스에

태워 다른 도시로 보낸 보호자님이 얼마나 큰 용기를 냈는지 감히 짐작조차 못하겠다. 차로 직접 전주에 데려다주면, 아니 그냥 집에 데리고 있으면 편했을 것이다. 하지만 당장 편하기보다는 모험을 선택한 보호자님의 용기 덕에 태민이가 잘 컸다고 본다. 태민이의 목적지를 알고 운전 중 틈틈이 룸 미러로 태민이를 본 버스 기사님의 배려도 큰 도움이 되었다. 멋진 청년이 된 태민이는 나와 보호자님의 걱정을 보란 듯이 뒤로하고 고등학교 졸업 후 당당히 직장에 다니고 있다. 스스로 배움에 대한 목마름을 느껴 올해엔 야간대학에도 진학했다. 명절이면 잊지 않고 안부 문자를 보내고, 생일에는 가장 먼저 축하 문자를 보내 주는 참 따뜻한 청년으로 자랐다.

나는 대학생 때 특수교육 전공 서적에서 '탈시설'이라는 단어를 처음 보았다. 오랫동안 우리 사회에서 장애인 시설이 수용 시설처럼 운영되었다. 이런 곳에서 지내는 장애인은 가족과 떨어져 원하는 때에 원하는 음식을 먹지 못하고, 마음대로 몸을 꾸미지도 못하고, 친구를 만나러 나갈 수도 없었으며 심지어 '말썽'을 피운다는 이유로 신체 일부가 묶이기도 했다. 내가 모르던 장애인의 삶을 간접적으로 접하면서 끓어오르는 분노를 참을 수 없었다. 그 뒤 10년쯤 흐르고 『어른이 되면』이라는 책에서 '탈시설' 뒤 언니와 사는 장혜정 씨의 이야기를 접했다. 장혜정 씨도 장애를 이유로 본인의 의지와 상관없이 삶의 많은 부분에서 결정권을 잃은 채 시설에서 18년을 순응하며 살았다. 책을 쓴 언니, 장혜영 씨가 국회의원이 될 만큼 우리 사회에서 장애인의 인권을 다시 생각하게 하는 목소리가 커지고 있다. (더 커졌으면 좋겠다.) 특수교육 현장에서도 장애인의 자기결정 능력 향상과 사회 통합을 중요한 학습 목표로 설정한다. 이 목표를 이루기 위해 가정 및 지역사회와 연계한 교육을 실천하려는 노력도 확산되고 있다. 그러나 학령기 마감, 즉 고등학교 졸업과 함께 이 원대한 목표가 사라지는 경우를 종종 본다. 학교라는 울타리를 벗어나면 장애인이 갈 곳이 많지 않기 때문이다.

대한민국 헌법 제10조에 "모든 국민은 인간으로서의 존엄과 가치를 가지며, 행복을 추구할 권리를 가진다. 국가는 개인이 가지는 불가침의 기본적 인권을 확인하고 이를 보장한 의무를 진다."라고 명시되어 있다. 실제로 우리나라에서 장애인이 인간으로서의 존엄과 가치를 가지며 행복하게 살고 있을까? 국가는 장애인의 기본적 인권을 보장하는 의무를 다하고 있을까?

장애인 자녀와 보호자가 극단적인 선택을 했다는 뉴스를 접하면 그들이 왜 그런 선택을 할 수밖에 없었는지에 대해 생각한다. 내가 보기에는 사회제도가 여전히 장애의 무게를 개인과 가족이 고스란히 지도록 종용하기 때문이다. 발달장애인 생애 주기별 종합 대책을 세워 적용하고 있지만, 주간 활동 서비스를 제도화한 것 외에 실제 장애인과 그 가족이 느끼는 변화는 크지 않다고 한다. 그래서 장애인부모연대는 '발달장애인 국가책임제 도입'을 강력하게 주장하고 있다. 발달장애인 국가책임제란 하루 최대 24시간 발달장애인을 지원하는 체계를 구축하고 발달장애인의 소득, 노동권, 교육권, 주거권, 문화·체육·관광 향유권 등을 보장하는 제도다. 이를 가만히 살펴보면 장애인의 탈시설화와 맥락을 같이한다.

나는 우리 사회에서 태민이 이야기가 특별한 경우로 소개되지 않으면 좋겠다. 어떤 장애가 있든, 장애 정도가 어떻든 사회 구성원으로서 마땅히 누려야 할 것들 앞에서 좌절하지 않는 사회면 좋겠다. 장애인이 자기 목소리를 내며 인간답게 살면 좋겠다. 그러기 위해 장애인과 그 가족들이 더 많이 사회로 나와야 한다. 그리고 이들을 불편과 불행의 시선으로 보지 않아야 한다. 이들이 언제든 사회로 나올 수 있도록 더 많은 기회와 시간을 줘야 한다. 사회적 제도로 그 시도들이 존중받고 보장받아야 한다. 태민이 보호자는, 아이가 계속 실패하는 것이 안쓰러워서 보호자가 대신한다면 아이의 경험을 몽땅 쓰레기통에 버리는 것과 같다고 했다. 실패 100번이 1년 뒤에는 50번으로 줄어들고, 또 1년이 지나면 열 번으로 줄어든다. 즉 보호라는 명분으로 장애인을 사회에서 분리하기보다는 더 많은 도전의 기회와 실패를 견디고 성공할 수 있는 경험을 많이 쌓게 하는 것 그리고 그런 경험을 하기에 충분히 안전한 시설과 사회적 울타리를 만들 필요가 있다.

『어른이 되면』에는 탈시설이, 시설에 있던 장애인이 가정으로 돌아오는 게 아니라 이 사회의 시민으로 돌아오는 것이라는 말이 있다. 무릎을 쳤다. 맞는 말이다. 탈시설은 장애인이 장애 때문에 박탈당한 시민의 자리를 찾는 것이다. 강자는 인권을 말하지 않아도 이미 잘 먹고 잘 산다. 따라서 소수자, 약자의 삶에 주목하고 이들을 부당한 억압과 고통에서 벗어나게 하는 것이야말로 인권 향상과 직결되며 사회의 도덕적 수준을 드러내는 문제라고 본다. 단 한 사람이라도 나락에 빠져 있지 않도록, 인간의 존엄에 차별이 없도록 내가 관심 갖고 눈길 줄 곳이 어디일지 생각해 보자.

보육이 아니라 교육입니다

"선생님, 저는 우리 아이가 행복하게 살다 가면 좋겠어요. 공부 필요 없어요. 좋아하는 음식 많이 먹게 하고, 좋아하는 노래 많이 들려주고 싶어요. 그러니까 공부는 시키지 말아 주세요. 공부시키면 스트레스 받을 것 같아요."

"선생님, 특수학급에서는 도대체 어떻게 수업해요? 수업이 돼요?"

"주 선생, 애들 공부시키려고 하지 말고 그냥 안전하게 잘 데리고만 있어."

가끔 들꽃들 보호자나 동료 교사, 학교 관리자한테 이런 말을 들으면 마음이 좋지 않다. 아니, 화가 난다. 들꽃들 그리고 특수교사인 나라는 존재도 무시하는 말로 들리기 때문이다. 사람들이 이런 말을 하는 건 특수교육을 보육으로 생각하기 때문이다. 그런데 특수교육은 보육이 아니다. 교육이다. 실제로 특수교사가 되기 위해 대학에서 지적 장애, 자폐성 장애, 지체 장애, 시각 장애, 청각 장애, 정서·행동 장애 등 다양한 장애 유형을 공부했다. 국어, 수학, 사회, 과학 등 각 과목을 지도하고 평가하는 방법도 공부했다. 관련 법, 가족 지원, 장애아 상담, 진단 평가 등 특수교육 대상자에게 도움이 될 만한 과목도 공부했다. 열심히 많은 공부를 하고 교사 임용시험을 거쳐 어렵게 특수교사가 되었다.

고된 과정을 거쳐 특수교육 현장에 들어온 첫날부터 지금까지 (조금 과장해) 단 하루도 고민하지 않은 날이 없다. 어떻게 하면 수업에 일상생활의 기술을 녹여 넣을지, 어떻게 하면 학생들의 자기결정력과 사회성을 키울지 생각하느라 퇴근 후는 물론이고 주말까지 수업 자료들을 손에서 놓지 못하기 때문이다. 사실 수업 준비를 열심히 할 수밖에 없는 이유는 바로 귀신같은 학생들이다. 정말 열심히 준비한 수업에는 많이 반응하며 즐겁게 참여하는데, 준비가 부족한 수업에는 흥미를 덜 보이고 도전 행동이 많아진다. 그러니 학생들이 조금이라도 더 수업에 참여하도록 동영상이나 동요를 넣은 ppt를 준비할 때도 있고 블록이나 자석을 활용할 때도 있다. 블록으로는 높낮이를 익히고 여러 가지 모양도 만들어 본다. 자석으로는 길이, 색깔, 수 가르기와 모으기를 공부한다. 특수교육 대상자의 인지발달 특성상 이렇게 다양한 교구를 활용하는 것이 효과도 좋다. 그런데 이런 사정을 모르는 사람은 우리가 교실에서 공부하는 모습을 보고 그냥 논다고 생각해서 아주 쉽게 말한다.

"특수교사는 좋겠다. 수업 준비 안 해도 되고, 수업을 대충 해도 애들이 모르잖아. 그냥 잘 데리고 놀면 되니 얼마나 좋아."

내가 얼마나 열심히 준비한 수업인데……. 그냥 논다니 서운하고 맥이 빠질 수밖에 없다. 가끔 동료 교사나 학교 관리자가 수업 중인 우리 교실 문을 열거나 인터폰을 울리기도 한다. 한번은 수업 중에 전화를 못 받고 있다 쉬는 시간에 전화했는데, 왜 수업 시간에 전화를 안 받았냐고 항의하는 보호자가 있었다. 이런 행동은 분명히 특수교사와 특수교육 대상자의 수업권을 침해한다.

교육 현장의 특수교사들이 대부분 나보다 더 열심히 일한다. 마치 특수교사가 특수교육 중흥의 역사적 사명을 띠고 교육 현장에 들어온 것처럼 행동하도록 은근한 압박을 받는다. 특수교육 대상자가 소수인 만큼 특수교사도 소수라서 눈에 띄고, 그래서 대표성을 띠게 된다. 그리고 특수교육과 특수교육 대상자에 대해 좋은 인식을 갖게 하려고 더 열심히 노력하는 것이다.

사실 특수교사는, 학생들만 교실에 둘 수 없어서 화장실도 마음대로 못 간다. 그래서 비뇨기과 질환으로 고생하는 선생님들이 꽤 있고, 내 직업병은 변비다. 특수교사는 행동

하나하나가 곧바로 학생들과 연결된다. 어쩌다 혹시 내가 아파 자리를 비우면 우리 들꽃들 하루 생활의 패턴이 깨지고, 그럼 들꽃들이 힘들어서 도전 행동을 많이 하고, 그럼 통합학급 선생님과 친구들이 힘들어지고……. 이렇게 꼬리에 꼬리를 물고 벌어질 상황을 생각하면 도저히 아플 수가 없다. 아프면 죄인이다. 그러니 혹시 주변에 특수교사가 있다면 토닥토닥해 주길 바란다. 열심히 잘 하고 있다고, 정말 애쓴다고 말이다. 그리고 특수교육을 전문 분야로 인정해 주면 좋겠다. 물론 특수교사도 더 많이 연구하고 노력할 것이다. 대한민국 특수교사, 파이팅!

나오며

　나는 자연을 참 좋아한다. 마음이 지쳐 생각 정리가 필요할 때면 집 뒷산에 오른다. 헉헉거리며 올라갈 때는 힘들어서 아무 생각도 없다. 겨우겨우 정상에 올라 절경을 보면 나도 모르게 땀인지 눈물인지 모를 눈물이 난다. 은은한 나무 향을 데려온 바람에게서 위로받고, 오르던 길을 내려갈 때면 영 풀리지 않을 것 같던 복잡한 생각이 조금씩 풀린다. 뒷산은 나에게 위로와 생각의 공간이다.

　어느 날 남편과 뒷산을 올랐다 집으로 돌아가는 길이었나. 횡단보도 앞에 섰는데, 마침 우리 옆에 지체장애인 한 분이 보였다. 가볍게 눈인사라도 하려고 보니, 휠체어 바퀴가 연석에 끼었는지 힘을 쓰고 있었다. 그 모습을 본 남편은 재

빨리 휠체어의 바퀴가 바르게 정렬되도록 도왔다. 그분은 남편에게 고맙다는 인사를 건넸고, 초록불이 켜지자 우리보다 빠르게 횡단보도를 건넜다.

"아까 그분 왜 도와드렸어?"

"혼자 힘들어 보이니까."

"그분이 도와 달라고 하지 않았잖아. 정말 도움이 필요하면 도움을 청했을 것 같은데, 어때?"

"그래? 난 장애인을 보면 도와야 한다고 생각했어."

남편은 분명 선의에 따라 행동했다. 내가 어릴 때는 장애 있는 친구를 많이 도와줘야 한다고 배웠다. 그래서 발달장애 친구가 내 옷에 물감을 묻혀도 참고, 수업 시간표에 따라 사물함에서 교과서를 꺼내 주는 등 일명 또래 도우미 구실을 많이 했다. 이런 경험 때문일까? 길에서 장애인이 보이면 그냥 지나치지 않고 돕는 사람들이 있다.

그런데 이게 정말 옳은 행동인지 생각해 보면 좋겠다. 우리 부부가 마주친 지체장애인의 자리에서 상황을 다시 보자. 연석에 내 구두 굽이 끼어서 애써 빼고 있는데 모르는 사람이 갑자기 다가와서 내 발을 들어 빼면 고맙기만 할까? 내가 할 수 있는데, 모르는 사람이 허락 없이 내 발을 만져서 불쾌할 것 같다. 그래도 상대가 선의에서 한 행동인 줄 아니까, 나라면 어쩔 수 없이 고맙다고 하고 길을 갈 것 같다. 장애 때문에 도움이 필요한 부분이 분명 있다. 도움이 필요 없다는 말은 아니다. 다만 장애인이 도움을 청할 때 도와야 옳다. 또는 가까이 가서 도움이 필요한지 묻고 대답에 따라 돕거나 돕지 않을 수 있다. 장애인이기 전에 한 사람으로서 삶의 모든 부분에 대한 결정권이 있기 때문이다. 그러니 장애인이 결정할 기회를 주면 좋겠다. 장애인을 수동적인 존재로 여기지 않길 바란다.

장애인이라고 함부로 다가가도 되는 건 아니다. 장애에 따라 지켜야 할 예절이 있다. 시각장애인과 대화할 때는 이름을 먼저 밝히면 좋다. 그리고 케인(시각장애인용 지팡이)을 쓰는 시각장애인이 방향을 잃어 헤매는 것 같다면, 도움이 필요한지부터 묻고 도움이 필요하다고 하면 이쪽저쪽 같은 지시대명사를 쓰기보다 서 있는 자리에서 몇 시 방향으로 몇 걸음과 같이 구체적인 표현으로 방향을 찾도록 도울 수 있다. 안내견과 함께 다니는 시각장애인도 있다. 이때 안내견이 귀엽다고 쓰다듬거나 간식을 주면 안 된다. 안내견의 주의가 흐트러져 시각장애인의 보행에 방해가 될 수 있기 때문이다. 안내견이 있을 때 횡단보도 신호를 지키는 것도 중요하다. 신호등 색을 구별하지 못하는 안내견은 길을 건너는 사람들이 있는 경우 괜찮은 줄 알고 따라 하다 사고가 날 수 있기 때문이다.

청각장애인은 어떤 의사소통 방법을 쓰는지 살펴야 한다. 상대의 입술 모양으로 뜻을 이해하고 소리 내어 말하는 구화로 소통하는 경우 상대의 눈을 보며 입 모양과 발음을 천천히 정확하게 해야 한다. 알맞은 표정도 섞어 말하면 더 좋다. 턱을 괴거나 입을 가리고 말하면 청각장애인과 소통할 수 없다. 코로나로 누구나 마스크를 쓰는 요즘, 주민센터 같은 공공기관과 은행이라도 투명 마스크를 써서 청각장애인이 의사소통하는 데 어려움이 없으면 좋겠다. 수어를 몰라도 필담으로 청각장애인과 소통할 수 있다.

지적 장애나 자폐성 장애가 있는 발달장애인에 대해서는 해야 할 말, 하고 싶은 말이 참 많다. 발달장애인을 두고 바보니 병신이니 하며 아무 거리낌 없이 막말을 하는 사람들이 아직도 많다. 예능 프로그램에서도 바보 캐릭터를 웃음거리로 만들어 비하하는 듯한 장면이 쉽게 보인다. 예능 프로그램에서 흔히 등장하는 상식 퀴즈를 떠올려 보자. 한 출연자가 초등학생이 맞힐 법한 문제를 틀렸다. 그러자 다른 출연자들이 바보, 머저리 같은 말로 틀린 답을 말한 사람을 비난한다. 곧이어 하얀 콧물과 쥐가 파먹은 듯한 머리모양 분장이 CG로 더해진다. 나도 전에는 아무 생각 없이 이런 장면을 보고 웃었다. 그러나 요즘은 웃을 수 없다. 발달장애인을 희화한 것으로 보이기 때문이다. 이런 장면을 보는 사람들이 은연중에 발달장애인을 웃기고 모자란 존재로 인식할 수 있기 때문이다.

언젠가 대형 마트로 지역사회 적응 학습을 나갔을 때 자폐성 장애 학생이 아이스크림 가게를 보고는 가게를 향해 돌진했다. 그리고 아이스크림 통에 머리를 마구 박기 시작했다. 먹고 싶다는 신호였다. 나는 아이스크림은 안 된다고 단호하게 말했고, 학생과 아이스크림 가게에서 벗어나려고 안 간힘을 썼다. 그때 어떤 할아버지가 "어이, 누나여? 이모여? 애가 먹고 싶어 하면 사 주면 되지, 왜 애 힘들게 씨름을 해? 그냥 사 줘!" 하고 쉽게 훈계를 내뱉고 갔다. 이런 훈계에 앞서 근처에 있던 사람들의 이목이 당연히 집중되었다. 아예 바닥에 누워 발로 나를 차기 시작한 아이와 아이를 일으키려는 나를 구경 삼아 본 사람도 여럿 있었다. 아이에게 아이스크림을 사 주면 훈계를 듣고 사람들의 이목을 끌고 나도 모르게 행위예술가가 될 일이 없다는 걸 나도 안다. 그래도 나는 사 줄 수 없다. 아이스크림을 사 주면 학생의 자해 행동이 잠잠해지겠지만, 그럼 학생은 제가 원하는 것이 있을 때마다 같은 방법으로 의사 표현을 할 것이다. 살아가는 데 어려움이 많을 수밖에 없으며 결코 좋은 방법이 아니다. 우리 학생들은 사회에서 통하는 의사소통 방법 또는 대체 의사소통 방법을 배워야 한다. 자해 행동으로는 원하는 것을 얻을 수 없다고 배워야 한다. 그러니 발달장애인의 학습 장면을 볼 때쉽게 중단하고 방해하려 하지 말고 그냥 가던 길을 가면 좋겠다. 이런 일을 겪는 당사자는 정말 얼굴이 새빨개지다 못해 온몸이 끓어오른다. 할 수만 있다면 아이를 들쳐 업고 뛰어 아무도 없는 곳으로 가고 싶다. 지치고 울화와 슬픔이 몰려온다. 발달장애인을 키우는 그리고 키운 많은 보호자들이 그랬을 것이다. 나는 어쩌다 겪는 일이지만 보호자에게는 일상이다. 이런 문제로 아이와 집 밖에 나오는 걸 피해, 장애인과 비장애인이 서로 볼 기회가 줄어들고 서로 이해하지 못한 채 따로 사는 세상을 바랄 이는 없을 것이다.

　나는 해마다 장애인의 날, 아니 장애인 차별 철폐의 날인 4월 20일에 들꽃들의 장애에 대해 직접적으로 이야기를 나눈다. 들꽃 스스로 잘할 수 있는 것은 무엇이고, 다른 사람의 도움이 필요한 것은 무엇인지 같이 생각해 본다. 도움이 필요할 때 누구에게 어떻게 청하면 좋을지 발표하고 역할극도 해 본다. 그리고 장애는 좋거나 나쁜 게 아니라, 들꽃들의 개성 중 하나라는 말을 꼭 한다. 장애는 그런 것이다. 개인의 색깔이고 모양이다. 그냥 존중하고 인정하면 된다. 장애인이라고 무조건 도와야 한다는 생각은 비장애인의 편견이다. 장애인으로서는 선의로 가장한 폭력으로 느낄 수도 있다. 돕지 말란 말이 아니다. 비장애인을 도울 때처럼 "도와드릴까요?" 한마디라도 건네는 존중을 기억하면 좋겠다.

감사의 말

기간제 교사로 오랫동안 이 학교 저 학교를 떠돌아다니다 특수교사 임용시험에 합격했다. "최종 합격을 진심으로 축하합니다." 이 문장을 보는 순간, 떠돌이 생활을 끝내고 온전한 내 교실과 내 학생들을 갖게 된다는 사실이 벅차고 황홀했다. 학생들과 신나게 공부하고 따뜻한 학급을 만들어 갈 생각에 첫 출근일을 손꼽아 기다렸다. 어쩌면 내 삶에서 가장 행복한 기다림이었다. 그러나 그 행복이 출근하고 얼마 지나지 않아 산산조각이 나 버렸다. 학생들의 교육적 요구가 생각보다 훨씬 더 다양했다. 천차만별이라는 말이 왜 있는지 알 것 같았다. 한글을 깨친 학생과 못 깨친 학생이 같이 오는 날이면 수업인 듯 수업 아닌 수업 같은 시간이 이어졌다. 학급 특색 활동을 결정할 때도 학교의 상황, 지역 상황, 학생의 장애 정도 등 고려해야 할 것이 한두 가지가 아니었다. 벅차고 행복하던 마음은 사라져 버린 지 오래고, 출근하면 '오늘 뭐 하지?' 퇴근하면 '내일 뭐 하지?' 때문에 괴로웠다.

다행히 선배가 있다. 신규 교사 연수에서 인연을 맺은, 교육 경력이 오래된 선생님들이다. 선배 선생님들은 고민에 고민을 거듭하는 나한테 잘하고 있다며 격려해 주었다. 처음부터 너무 달리면 쉽게 지치니, 학급 운영 5년 계획을 세워 넘어지지 않고 한 걸음 한 걸음 제대로 딛고 갈 수 있도록 가르쳐 주었다. 학급 운영부터 수업과 학생 생활지도 방법까지 '선배 기생충'이라는 별명을 얻어 가며 열심히 배웠다. 도와 달라고 연락한 모든 순간에 그분들이 귀찮아하지 않고 가르쳐 준 덕분에 내가 조금씩 특수교사다워지고 있다. 학교에서 생긴 일을 이야기하며 울다 웃다 화내는 철없는 나를 '오구오구' 귀여워하며 챙겨 주신 선배 선생님들을 보면서 내가 후배 교사들에게 어떤 모습을 보여야 할지 배운다.

선배 선생님들에게 일하는 방법을 배웠다면, 동료의 정은 첫 학교에서 만난 선생님들에게 배웠다. 특수교사인 나와 장애가 있는 들꽃들을 편견 없이, 아니 오히려 더 따뜻하게 대하는 화끈한 성격의 불타오르는 선생님들. 이분들 덕에, 첫 학교에서 고되던 기억 한편에 다행히도 따뜻한 기억이 남았다.."장애가 뭔데? 특수교사가 뭔데? 우린 다 하나야!" 이런 말에 담긴 정신(!)을 몸소 실천한 분들이다. 힘들 때마다 마음 놓고 의지할 수 있었고 일반 학교에서 특수교사로 일하면서도 외롭지 않았다. 내가 번아웃으로 마음의 병을 얻어 힘들어할 때도 진심을 다해 곁을 지키며 함께 울어 준 고마운 사람들이다. 좋은 관계를 쌓은 덕에, 각자 다른 학교로 간 지금까지 만남이 이어지고 있다.

처음 부임한 학교에서 번아웃을 겪을 때 상담 선생님을 만난 것도 정말 다행이다. 특수교사는 관리자, 통합학급 담임교사, 보호자, 지역사회 기관의 관계자 등 많은 사람과 밀접하게 소통해야 하기 때문에 빨리 지친다. 일반 학교에서 학년군, 전담, 비교과 중 어디에도 속하지 못해 외롭기도 하다. (원래는 교과 및 담임을 맡아야 한다.) 그래서 최근에는 특수교사의 심리적 지원에 대한 논의가 있다. 나는 특수교사들 가운데 번아웃을 일찍 경험한 편인데, 번아웃을 알고 빨리 지원받을 수 있었다. 혹 지금 홀로 마음고생하는 특수교사가 있다면, 교육청의 교사 심리 지원 사업을 알아보고 꼭 도움받기를 강력히 권한다. 나는 상담 선생님을 통해 내가 나를 인정하고 지지하지 않는다는 것과 내가 나를 아프게 한 것을 알았다. 그래서 나를 사랑하는 법을 배우고 마음 근육을 조금씩 키우고 있다. 언제나 지지해 주는 상담 선생님 덕분에 마음의 병은 많이 치유되고 있다. 상담 선생님 못지않게 나를 응원해 주는 엄브로에게도 고마움을 전하고 싶다.

유난히 성장에 목말라하는 나에게 단비가 되어 준 두 단체 참쌤스쿨과 SET-UP에 대한 고마움을 빼놓을 수 없다.

참쌤스쿨은 전국 단위의 전문적 학습 공동체로 초등 교사라면 모두 아는 아주 멋진 단체다. 이곳에서 학습 자료 만들기를 비롯해 그림책 활용 수업, 학급 운영, 온라인 학습 시대에 대두된 에듀테크 등 다양한 분야에 걸쳐서 함께 배우며 나누고 있다. 집단지성과 나눔의 힘을 경험하는 것 자체가 소중하다. 그리고 전국의 특수교사들이 모인 전문적 학습 공동체 SET-UP을 통해 '특수교육 그리고'를 고민하며 다양한 지역의 특수교사를 만나는 게 참 설레고 좋다. 두 단체 덕분에 나는 많이 성장했고, 성장하고 있으며 더 성장할 것이다. 성장한 데서 그치지 않고, 블로그나 유튜브 등을 통해 내 성장을 다른 이들과 나눈다. 나눔의 힘이 점점 커지는 덕에 나눔의 기쁨을 누리고 있다.

기대어 자라는 나무는 비바람이 불어도 버틸 수 있다고 한다. 사람도 마찬가지다. 나 혼자라면 한 해, 두 해 하다 지쳐 특수교사라는 직업에 회의를 품었을지도 모른다. 너무 지쳐 주저앉았을 때, 일어나지 못하고 수렁 속으로 더 깊이 빠졌을 것이다. 내 옆에서 온기를 준 이들 덕에 지금 여기까지 올 수 있었다. 최가네 선배 선생님들(+HH선생님), 찐친구 '불타오르는 이들', 마음을 치유 중인 내겐 나무와 같은 기순 선생님 그리고 응원자 엄브로님, 성장에 날개를 달아 주는 '참쌤스쿨'과 'SET-UP' 선생님들께 다시 한 번 감사의 마음을 전한다. 그리고 내 글들이 세상 빛을 볼 수 있도록 좋은 기회를 준 메멘토 출판사의 편집진, 출간 전에 원고를 꼼꼼하게 읽고 보완할 점을 알려 주신 독자님들(김두섭, 김수연, 이민선, 조혜정, 주정아 님), 누구보다 나를 아끼고 지지해 주는 남편과 가족 그리고 세상에서 가장 사랑스러운 들꽃들에게 감사와 사랑의 마음을 전한다.

모두 고맙습니다.

이토록 명랑한 교실

자기만의 속도로 자라는 아이들의 특별한 수업 이야기

초판 1쇄 발행 | 2021년 8월 9일

초판 4쇄 발행 | 2022년 8월 15일

지은이 | 주효림

편집 | 김정민

디자인 | 비수기의 전문가

독자 검토 | 김두섭, 김수연, 이민선, 조혜정, 주정아

펴낸이 | 박숙희

펴낸곳 | 메멘토

신고 | 2012년 2월 8일 제 25100-2012-32호

주소 | 서울시 은평구 연서로26길 9-3

　　　　동양오피스텔 301호(대조동)

전화 | 070-8256-1543

팩스 | 0505-330-1543

이메일 | mementopub@gmail.com